KB060425

유학생을 위한

주제로 배우는 대학 한국어 어휘

김효신 · 유하영

박영사

이 교재는 한국 대학 생활에 첫발을 내딛는 유학생들을 위한 맞춤형 어휘 교재이다. 낯선 환경에서 마주하는 다양한 어려움을 해소하고 성공적인 유학 생활을 돕기 위해 실제 대학 생활에서 자주 접하는 12가지 주제로 구성하였다. 이 교재는 주제와 관련된 어휘부터 쓰기까지 단계적으로 학습할 수 있다.

이 교재의 특징은 단순히 어휘를 암기하는 것을 넘어, 학습자 스스로 능동적인 학습 경험을 할 수 있게 메타인지 접근 방식을 적용하여 과를 구성하였다는 점이다. 실제로 겪게 될 대학 생활에서 자주 사용하는 어휘들을 선정해 [주제 생각해 보기-단어 떠올리기-표현 넓히기-어휘와 표현 사용해 보기-더 연습해 보기-어휘 확인하기-정리하기-스스로 해 보기]의 단계로 한 과를 구성하였다.

또한, 6과와 12과 후에는 종합문제를 통해 학습한 내용을 총정리하고, 국제 통용 한국어 표준 교육과정(2017)에 맞춰 초급부터 중급 수준까지 단계적으로 어휘력을 향상시킬 수 있도록 하였다.

특히 워드 웹을 활용하여 어휘 간의 관계를 시각적으로 파악할 수 있도록 돕고, 예문과 함께 어휘의 난이도를 표시하여 학습자 스스로 어휘 수준을 점검할 수 있도록 설계되었다. 또한, 엄선된 850개의 어휘를 영어, 중국어, 베트남어, 일본어 총 4개 국어로 번역하여 제공함으로써 학습에 도움을 주고자 하였다.

이 교재는 단순한 어휘 학습을 넘어, 메타인지 전략을 통해 한국어 학습에 대한 주도성과 자신감을 키우고, 한국 대학 생활에 필요한 실질적인 의사소통 능력을 향상시키는 데 도움을 줄 것이다. 본 교재를 통해 한국어 실력 향상은 물론, 풍요로운 유학 생활을 경험하기를 바란다.

마지막으로 이 책의 기획에서 출판까지 도움을 주신 한국외국어대학교 홍종명 교수님께 감사 인사를 전한다. 그리고 책의 출판에 애써 주신 박부하 대리님과 편집을 맡아 주신 조영은 대리님, 번역에 힘써 주신 김공환 교수(아주대학교), Yuan Linlin(한국외국어대학교), Le Thi Thanh Huyen(한국외국어대학교), Gu Mayuka(한국외국어대학교) 분들께도 감사드립니다.

2024년 8월
저자

차례 🔍

1과

대학 생활

수강 신청은 어떻게 해요?

- 대학 입학 후에 가장 하고 싶은 일이 뭐예요?
- 대학교 입학식에서는 무엇을 할까요?

1 주제 생각해 보기

 대학 생활의 첫 시작에 대해 쓰고 이야기해 보세요.

1) 전공이 뭐예요? 어떤 공부를 해요?

2) 수강 신청은 어떻게 해요?

3) 학점을 잘 받으려면 어떻게 해야 해요?

4) 학교에는 어떤 동아리가 있어요?

 다음 단어의 의미를 찾고 아는 단어에 표시(✔)하세요.

대학 생활		
수업	**학생**	**공지문**
☐ 수강 신청	☐ 신입생	☐ 안내문
☐ 수강 변경	☐ 재학생	☐ 유의 사항
☐ 수강 취소	☐ 휴학생	☐ 오리엔테이션(OT)
☐ 학점	☐ 복학생	☐ 일정
☐ 전공 과목	☐ 편입생	☐ 준비물
☐ 교양 과목	☐ 졸업생	☐ 신청 기간
☐ 시험 기간	☐ 선배	☐ 신청 방법
☐ 정원	☐ 후배	☐ 신청 불가
	☐ 동기	☐ 개강하다

장소		**학생증**		
☐ 기숙사	☐ 학생회관	☐ 사진	☐ 전공	☐ 종강하다
☐ 도서관	☐ 동아리방	☐ 이름	☐ 학과	☐ 적응하다
☐ 대강당	☐ 학생 식당	☐ 학번	☐ 유효기간	☐ 입학하다
☐ 강의실	☐ 학과 사무실			☐ 졸업하다
				☐ 휴학하다
				☐ 복학하다

② 단어 떠올리기

 보기와 같이 빈칸에 떠오르는 단어를 써 보세요.

보기

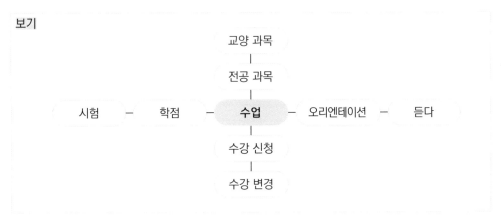

①

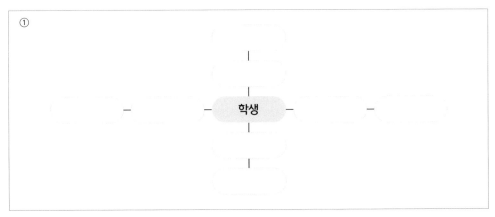

②

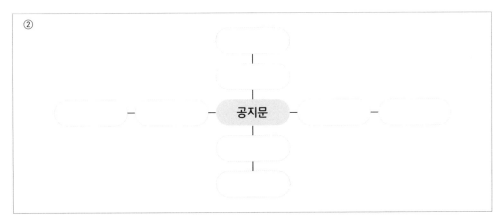

3 표현 넓히기

 대학 생활을 할 때 사용하는 표현을 더 알아보세요.

① 한국대학교 입학을 진심으로 축하해요.
　✎ (한국대학교 / 졸업)

② 신입생을 대상으로 대학 생활 안내를 해요.
　✎ (편입생 / 수강 신청 안내가 있다.)

③ 저는 농구 동아리에서 활동하고 있어요.
　✎ (친구 / 봉사 동아리)

④ 저는 한국어를 전공하고 있어요.
　✎ (선배 / 영문학)

⑤ 저는 오리엔테이션에 참석할 예정이에요.
　✎ (학과 동기와 저 / 뒤풀이)

⑥ 교수님, 시험 일정을 좀 알려주세요.
　✎ (교수님 / 발표 일정)

주제로 배우는 대학 한국어 어휘

4 어휘와 표현 사용하기

📖🔍 나의 대학 생활에 대해 메모해 보세요.

나의 대학 생활

📖🔍 나의 대학 생활에 대해 글을 써 보세요.

나는

5 더 연습해 보기

📖🔍 친구 이야기를 듣고 친구에 대해 메모해 보세요.

6 어휘 확인하기

 다음 단어의 뜻을 생각하고 문장을 확인하세요.

1	**기간** 초급	시험 기간에는 도서관 앞에서 간식을 나눠 준다.
2	**선배** 초급	동아리 선배는 후배들에게 직접 기타 연주하는 방법을 가르쳐 주었다.
3	**신청** 초급	수강 신청은 다음 주 금요일까지이다.
4	**안내문** 초급	기숙사 1층에는 여러 언어로 된 기숙사 규칙 안내문이 있다.
5	**전공** 초급	이번 학기에 내가 듣는 전공 수업이 모두 어렵다.
6	**취소** 초급	수강 신청을 너무 적게 해서 수강 과목 취소가 불가능하다.
7	**학생증** 초급	학생증이 없으면 도서관에서 책을 빌릴 수 없다.
8	**과목** 중급	제니는 지난 학기에 F를 받았던 과목을 재수강한다.
9	**동아리** 중급	새 학기를 맞아 대학 내의 여러 동아리에서 신입생을 회원으로 모집하고 있다.

주제로 배우는 대학 한국어 어휘

10	**변경**	수강 신청한 과목의 변경은 이번 주까지이다.
11	**적응하다**	대학 생활에 잘 적응하기 위해서 동기들과 시간을 많이 보내기로 했다.
12	**정원**	나는 토론 동아리에 들어가고 싶지만 모집 정원이 모두 차서 들어갈 수 없다.
13	**졸업생**	나는 졸업생들을 대표해서 졸업식에서 우등상을 받았다.
14	**준비물**	수업에 들어가기 전에 필요한 준비물을 챙겨야 한다
15	**재학생**	공과 대학은 재학생 중 남학생의 비율이 높다.
16	**학과**	나와 지민이는 학과는 다르지만 같은 동아리 동기이다.

7 정리하기

 나의 대학 생활에 대해 이야기할 수 있어요?

스스로 해 보기

1 보기와 같이 표현을 잘 설명한 것을 연결하세요.

보기 **수강 신청** •   • 다른 과목으로 바꾸다

① 수강 변경 •   • 신청한 과목을 취소하다

② 수강 취소 •   • 듣고 싶은 과목을 선택하다

③ 오리엔테이션 •   • 휴학한 학생이 다시 돌아오다

④ 복학생 •   • 신입생에게 새로운 정보를 알려주다

2 보기와 같이 관계있는 단어를 골라 쓰세요.

입학	선배	졸업생	전공 과목	복학하다	동기

보기 **후배** ↔ 선배   ③ 같은 학번

① 졸업 ↔ _____   ④ 교양 과목

② 재학생 ↔ _____   ⑤ 휴학하다 ↔ _____

3 보기와 같이 빈칸에 알맞은 단어를 골라 문장을 완성하세요.

신입생	개강하다	적응하다	졸업	학번

보기 **대학 졸업을 진심으로 축하한다.**

① 방학이 끝나고 학교가 _____(으)니까 캠퍼스는 학생들로 가득했다.

② _____은/는 수강 신청 방법을 몰라서 OT에 꼭 참석해야 한다.

③ 나는 대학 생활에 _____(으)려고 동아리에 가입했다.

④ 고등학교 선배와 나는 올해 같이 입학해서 _____이/가 같다.

                                                          주제로 배우는 대학 한국어 어휘

2과

저는 제니라고 합니다

□ 이름
□ 나이
□ 성격
□ 잘하는 것

□ 이름
□ 나이
□ 성격
□ 좋아하는 것

- 처음 만나는 사람과 어떤 이야기를 해요?
- 이력서를 작성할 때 뭘 써야 할까요?

1 주제 생각해 보기

 나에 대해 어떤 이야기를 하고 싶은지 쓰고 이야기해 보세요.

1) 이름과 나이가 어떻게 되세요?

2) 무엇을 좋아해요? 왜 좋아해요?

3) 무엇을 잘해요? 언제부터 잘하게 됐어요?

4) 성격은 어떤 편이에요?

 다음 단어의 의미를 찾고 아는 단어에 표시(✔)하세요.

자기소개

성격의 장단점		
긍정적이다	낙관적이다	털털하다
부정적이다	비관적이다	예민하다
적극적이다	사교적이다	다정하다
소극적이다	활동적이다	무뚝뚝하다
외향적이다	급하다	꼼꼼하다
내성적이다	느긋하다	덜렁대다

태도	특징
책임감이 있다	유머 감각이 있다
싫증을 쉽게 내다	리더십이 있다
성실하다	낯을 가리다
얌전하다	도전 정신이 있다
예의가 바르다	재능이 있다
예의가 없다	부지런하다
끈기가 있다	게으르다

2 단어 떠올리기

 보기와 같이 빈칸에 떠오르는 단어를 써 보세요.

보기

덜렁대다
|
느긋하다
|
적극적이다 ― 활동적이다 ― **성격** ― 긍정적이다 ― 털털하다
|
다정하다
|
사교적이다

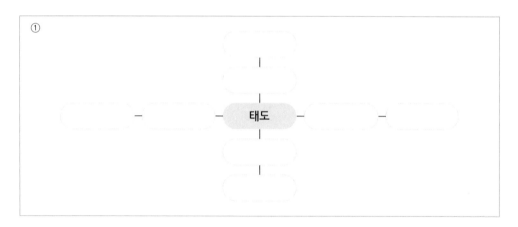

①

태도

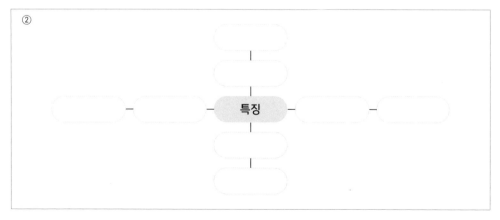

②

특징

3 표현 넓히기

 자신을 소개할 때 자주 사용하는 표현을 더 알아보세요.

① 저는 마이클이라고 합니다.
　(저 / 아윤다)

② 컴퓨터를 잘해서 친구들이 컴박사라고 불러요.
　(집에 있는 것을 좋아하다 / 집돌이)

③ 저는 한국에 온 지 2년 됐어요.
　(유학을 오다 / 6개월)

④ 저는 일할 때 꼼꼼하다는 말을 자주 들어요.
　(친구 / 리더쉽이 있다)

⑤ 한국 가수를 좋아하게 돼서 한국어에 관심이 생겼어요.
　(한국 영화 / 한국어)

⑥ 한국어를 잘하게 되면 통역가나 매니저가 되고 싶어요.
　(대학교를 졸업하다 / 한국 회사에서 일하다)

4 어휘와 표현 사용하기

📖 나는 어떤 사람이에요? 나에 대해 메모해 보세요.

나

📖 나에 대해 글을 써 보세요.

나는

5 더 연습해 보기

📖 친구 이야기를 듣고 친구에 대해 메모해 보세요.

6 어휘 확인하기

 다음 단어의 뜻을 생각하고 문장을 확인하세요.

1	**게으르다** 초급	선생님은 매일 늦게 오는 학생을 게으르다고 생각한다.
2	**부지런하다** 초급	김 대리는 회사 내에서 부지런하다는 말을 자주 듣는다.
3	**긍정적이다** 중급	긍정적인 사람은 나쁜 일이 생겨도 좋은 쪽으로 생각하려고 한다.
4	**꼼꼼하다** 중급	제 친구는 일할 때 꼼꼼해서 실수를 한 적이 없다.
5	**내성적이다** 중급	내 친구는 내성적인 성격 때문에 사람들과 잘 어울리지 못한다.
6	**도전** 중급	동생은 도전 정신이 강해서 어렵다고 해도 계속 해 보려고 한다.
7	**리더십** 중급	제니는 리더십이 있어서 이번 학기 과대표가 되었다.
8	**부정적이다** 중급	힘든 일을 많이 겪으면 부정적인 생각이 들 수 있다.
9	**소극적이다** 중급	제 친구는 모든 일에 소극적이라서 스스로 먼저 뭔가 하려고 하지 않는다.

10	**외향적이다** 충급	외향적인 사람은 보통 대인 관계가 넓다.
11	**적극적이다** 충급	그 친구는 모든 일에 적극적이다. 궁금한 게 있으면 바로 물어본다.
12	**재능** 충급	친구는 사람들을 웃기는 데 재능이 있다.
13	**책임감** 충급	책임감이 있는 사람은 자신이 해야 할 일을 끝까지 해 낸다.
14	**활발하다** 충급	지수는 성격이 조용하지만 지수의 동생은 활발하다.
15	**낯** 고급	지수는 낯을 많이 가려서 새로운 사람을 만나는 것을 어려워한다.
16	**끈기** 고급	그는 끈기가 있어서 힘든 공부도 포기하지 않고 꾸준히 한다.

7 정리하기

 사람들에게 자신을 소개할 수 있어요?

퀴즈 스스로 해 보기

① 보기와 같이 관련 있는 것을 연결하세요.

보기 **유머 감각이** •   • 바르나

① 싫증을 •   • 있다

② 예의가 •   • 내다

③ 책임감이 •   • 가리다

④ 낮을 •   • 많다

② 보기와 같이 관계있는 단어를 골라 쓰세요.

| 소극적이다 | 게으르다 | 부정적이다 | 느긋하다 | 꼼꼼하다 | 내성적이다 |

보기 **적극적이다** ↔ 소극적이다   ③ 급하다 ↔

① 긍정적이다 ↔   ④ 부지런하다 ↔

② 외향적이다 ↔   ⑤ 덜렁대다 ↔

③ 보기와 같이 빈칸에 알맞은 단어를 골라 문장을 완성하세요.

| 부지런하다 | 활동적이다 | 적극적이다 | 부정적이다 | 덜렁대다 |

보기 **적극적인** 사람은 모르는 사람하고도 잘 이야기한다.

① _____ 사람은 일을 뒤로 미루지 않는다.

② _____ 사람은 물건을 자주 잃어버린다.

③ _____ 사람은 호기심이 많고 적극적이다.

④ _____ 사람은 모든 일을 나쁜 쪽으로 생각하는 편이다.

3과

자주 가는 장소

한강공원에서 자주 자전거를 타곤 했어요

- 여러분이 자주 가는 장소는 어디예요?
- 그 장소는 어때요? 그 장소에서 무엇을 해요?

1 주제 생각해 보기

 친구에게 어떤 장소를 추천하고 싶은지 쓰고 이야기해 보세요.

1) 맛있는 음식과 쇼핑을 좋아하는 친구에게

2) 여름 휴가 때 갈 만한 곳을 찾는 친구에게

3) 한국에 관광을 하러 온 외국인 관광객에게

4) 한국의 전통 문화에 관심이 많은 유학생에게

 다음 단어의 의미를 찾고 아는 단어에 표시(✓)하세요.

장소					
집		**학교**		**도서관**	
원룸		대학교	정문/후문	추천 도서	
오피스텔		등록금	강의실	대여하다	
아파트		전공	동아리방	반납하다	
기숙사		동아리	학생 식당	자료실	
고시원		가입하다	헬스클럽	열람실	
		신청하다	운동장	감상문	
카페		**식당**		**병원**	
인기 메뉴	여유롭다	맛집		진료	
맛	저렴하다	후기		건강 보험	
분위기	만족스럽다	평점		응급실	
카페인	알려지다	주차		동물 병원	
		예약 혜택			

2 단어 떠올리기

보기와 같이 빈칸에 떠오르는 단어를 써 보세요.

보기

```
                          신청하다
                             |
                          학생증
                             |
  선택하다  －  전공  －   학교   －  휴학하다  －  자유롭다
                             |
                          입학하다
                             |
                          등록금
```

①

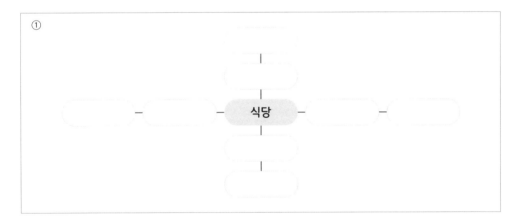

②

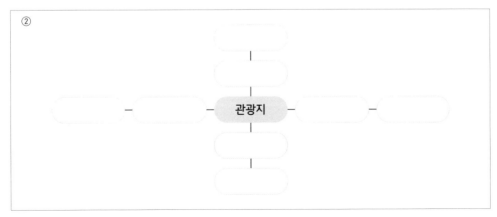

3 표현 넓히기

 장소를 소개할 때 사용하는 표현을 더 알아보세요.

① 제가 자주 가는 장소는 한강공원이에요.

　✎ (좋아하는 식당 / 사랑 김밥)

② 한 달에 한두 번 정도 가는 편이에요.

　✎ (일주일 / 두세 번)

③ 역시 데이트라면 한강공원만 한 곳이 없어요.

　✎ (학교 앞 식당 / 사랑 식당)

④ 저는 한강공원에서 자주 자전거를 타곤 했어요.

　✎ (사랑 식당 / 김치찌개를 먹다)

⑤ 그런데 요즘에는 시험 공부를 하느라고 자주 못 가고 있어요.

　✎ (다이어트 / 못 가다)

⑥ 이왕 자전거를 탈 거면 한강공원에 가 보세요.

　✎ (한국 음식을 먹다 / 사랑 식당)

4 어휘와 표현 사용하기

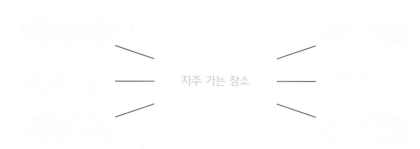
내가 자주 가는 장소에 대해 메모해 보세요.

자주 가는 장소

내가 자주 가는 장소에 대해 글을 써 보세요.

나는
_____

_____

_____

_____

_____

5 더 연습해 보기

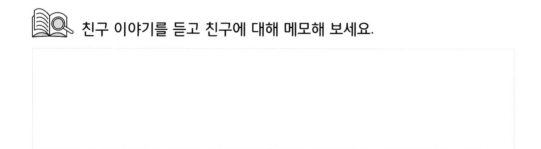
친구 이야기를 듣고 친구에 대해 메모해 보세요.

6 어휘 확인하기

 다음 단어의 뜻을 생각하고 문장을 확인하세요.

1 초급	**관광지**	경복궁은 해마다 많은 관광객이 방문하는 관광지로 알려졌다.
2 초급	**분위기**	이곳은 조용한 분위기를 좋아하는 사람이라면 모두 좋아할 것이다.
3 초급	**예약하다**	그 식당은 인기가 많아서 주말에는 예약하지 않으면 갈 수 없다.
4 초급	**전공**	대학교에 입학한 후에 전공이 잘 맞지 않아서 변경하는 학생들도 있다.
5 초급	**주차하다**	약속 장소에 가기 전에 주차할 자리가 있는지 확인했다.
6 중급	**가입하다**	회원으로 가입하기 위해서 먼저 신청서를 써야 한다.
7 중급	**동아리**	우리 학교에서는 매년 3월에 동아리 소개 행사를 한다.
8 중급	**등록금**	다음 학기 등록금을 내기 위해 아르바이트를 하고 있다.
9 중급	**만족스럽다**	그 식당은 조금 비싸지만 만족스러운 식사를 할 수 있다.

주제로 배우는 대학 한국어 어휘

10	**어느새**	대학교에 입학한 게 엊그제 같은데 어느새 4학년이 되었다.
11	**여유롭다**	놀이공원은 주말에 비해서 평일이 더 여유롭다.
12	**우연히**	여기는 산책을 하다가 우연히 찾은 가게인데 자주 가게 되었다.
13	**저렴하다**	새로 생긴 카페는 가격도 저렴하고 커피 맛도 좋아서 인기를 얻고 있다.
14	**제대로**	집을 계약하기 전에는 제대로 알아본 후에 해야 한다.
15	**혜택**	회원 카드가 있어야 할인 혜택을 받을 수 있다.

7 정리하기

 사람들에게 내가 자주 가는 장소를 소개할 수 있어요?

스스로 해 보기

① 보기와 같이 관련 있는 것을 연결하세요.

보기 **데이트 장소로** •   • 받다

① 등록금   •   • 알려지다

② 보험에   •   • 내다

③ 식당을   •   • 예약하다

④ 혜택을   •   • 가입하다

② 보기와 같이 관계있는 단어를 골라 쓰세요.

들어가다	바쁘다	빌리다	퇴원하다	찾아가다	불만족스럽다

보기 **여유롭다** ↔ 바쁘다   ③ 동아리에 가입하다

① 방문하다   ④ 입원하다   ↔

② 만족스럽다 ↔   ⑤ 반납하다   ↔

③ 보기와 같이 빈칸에 알맞은 단어를 골라 문장을 완성하세요.

출퇴근	등록금	전공	자료실	대여하다

보기 **유명한 대학교에 가는 것보다 공부하고 싶은 전공을 선택하는 것이 중요하다고 생각한다.**

① _____ 을/를 내기 위해서 정신없이 아르바이트를 하고 있다.

② 도서관에서는 읽고 싶은 책을 _____ 에서 직접 찾을 수 있다.

③ 학교 도서관은 학생증이 있어야 책을 _____ (으)ㄹ 수 있다.

④ 매일 _____ 시간에는 길이 많이 막혀서 대중교통을 이용하는 것이 좋다.

4과

대학 축제

이번 주 목요일에 유명한 가수가 온대요

- 대학교 축제에 가 본 적이 있어요?
- 대학 축제 때 무엇을 해요?

대학 축제에 대해 쓰고 이야기해 보세요.

1) 대학 축제는 보통 언제 해요?

2) 대학 축제에 어떤 행사가 있어요?

3) 대학 축제에 어떤 가수가 오면 좋겠어요?

4) 학과 친구들과 하고 싶은 게 뭐예요?

 다음 단어의 의미를 찾고 아는 단어에 표시(✓)하세요.

축제		
행사	**체험**	**감상**
행사 기간	참석하다	감동적이다
행사 장소	축제에 참여하다	인상적이다
행사 내용	행사에 참가하다	기억에 남다
K-pop 공연	대회에 나가다	만족스럽다
공연 관람	공연을 하다	볼 만하다
부스 운영	공연을 보다	그저 그렇다
문화 체험	음식을 만들어 팔다	실망스럽다
장기 자랑	참가비를 내다	지루하다
다양한 먹거리	상금을 받다	돈이 아깝다
	축제를 즐기다	공연에 반하다
		신나다
		노래를 따라 부르다

2 단어 떠올리기

📖🔍 보기와 같이 빈칸에 떠오르는 단어를 써 보세요.

보기

감동적이다
|
K-Pop 공연
|
즐기다 ― 문화 체험 ― **대학 축제** ― 먹거리 ― 다양하다
|
장기 자랑
|
상금을 받다

①

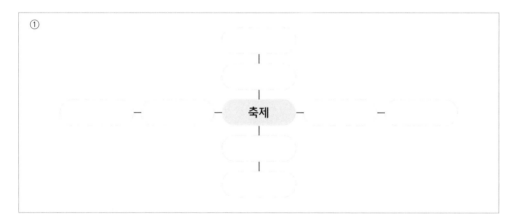

|
|
― 　 **축제** 　 ― 　 ―
|
|

②

|
|
― 　 **감상** 　 ― 　 ―
|
|

3 표현 넓히기

 축제에 대해서 말할 때 사용하는 표현을 더 알아보세요.

① 이번 축제에 유명한 가수가 온대요.
  ✎ (대학 축제 때 / K-pop 공연을 하다)

② 저는 축제 때 댄스 공연에 나간 적이 있어요.
  ✎ (학교 행사 / 장기 자랑에 참가하다)

③ 학과 친구들이 만든 축제 음식이 어때요?
  ✎ (동아리 친구들이 준비하다 / 공연)

④ 이번 대학 축제는 볼 만했어요.
  ✎ (지난 봄꽃 축제 / 가다)

⑤ 공연 즐기려고 가수의 노래를 모두 외웠어요.
  ✎ (장기 자랑에서 상금을 받다 / 매일 2시간씩 연습하다)

⑥ 대학 축제는 누구든지 와서 즐길 수 있어요.
  ✎ (대학 축제는 무엇이다 / 경험해 보는 것이 중요하다)

4 어휘와 표현 사용하기

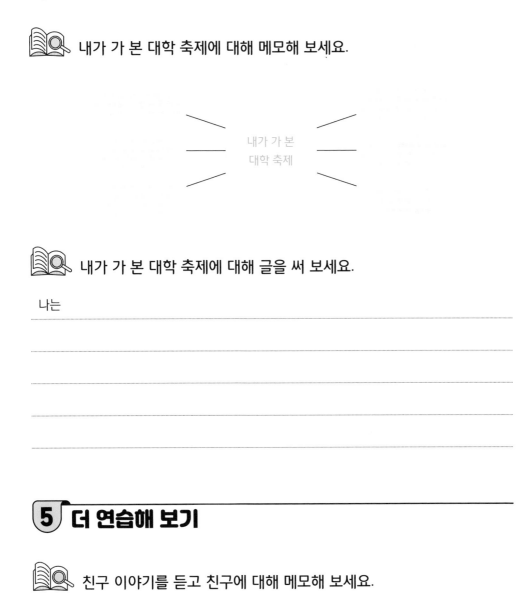

내가 가 본 대학 축제에 대해 메모해 보세요.

내가 가 본
대학 축제

내가 가 본 대학 축제에 대해 글을 써 보세요.

나는

5 더 연습해 보기

친구 이야기를 듣고 친구에 대해 메모해 보세요.

다음 단어의 뜻을 생각하고 문장을 확인하세요.

| 1 | **나가다** 초급 | 수업이 시작되자 앞에 나가서 발표를 시작했다. |

| 2 | **대회** 초급 | 제니는 이번 대회에서 금메달을 땄다. |

| 3 | **지루하다** 초급 | 선생님의 말씀이 너무 길어서 좀 지루했다. |

| 4 | **감동적이다** 중급 | 피아니스트의 감동적인 연주가 끝나고 사람들이 모두 일어나 박수를 쳤다. |

| 5 | **반하다** 중급 | 그 사람을 보자마자 첫눈에 반해 버렸다. |

| 6 | **운영** 중급 | 미술을 전공한 친구는 지금 학원을 운영하고 있다. |

| 7 | **신나다** 중급 | 우리 팀이 이기니까 동생은 신나서 소리를 질렀다. |

| 8 | **참가하다** 중급 | 저는 이번 마라톤 대회에 선수로 참가했다. |

| 9 | **참석하다** 중급 | 이번 모임에는 열 명 정도 참석할 것 같다. |

10	**참여하다** 중급	이 노래는 세계적인 가수들이 참여해 불렀다고 한다.
11	**인상적이다** 중급	창밖의 경치는 눈을 뗄 수 없을 정도로 인상적이었다.
12	**다양하다** 고급	이번 축제는 관광객들에게 다양한 볼거리를 제공한다.
13	**먹거리** 고급	시장에 먹거리가 많아서 자주 간다.
14	**실망스럽다** 고급	오랫동안 기대했던 경기가 실망스럽게 끝나 버렸다.
15	**장기 자랑** 고급	친구는 장기 자랑으로 춤을 췄다.
16	**참가비** 고급	이번 공연 관람은 참가비가 무료이다.

7 정리하기

 사람들에게 대학 축제에 대해서 말할 수 있어요?

퀴즈 스스로 해 보기

1 보기와 같이 관련 있는 것을 연결하세요.

보기 **행사에** ● ● 나가다

① 대회에 ● ● 반하다

② 상금을 ● ● 참가하다

③ 축제를 ● ● 받다

④ 공연에 ● ● 즐기다

2 보기와 같이 관계있는 단어를 골라 쓰세요.

| 참석하다 | 인상적이다 | 돈이 아깝다 | 지루하다 | 그저 그렇다 | 공연을 보다 |

보기 **기억에 남다**   인상적이다   ③ 실망스럽다

① 재미없다   ④ 볼 만하다   ↔

② 참가하다   ⑤ 공연을 하다   ↔

3 보기와 같이 빈칸에 알맞은 단어를 골라 문장을 완성하세요.

| 반하다 | 먹거리 | 상금 | 부스 운영 | 기간 |

보기 **이번 축제에서 우리 동아리가 부스 운영을 하기로 했어요.**

① 축제 마지막 날 초대 가수 공연에 _____ 았/었다.

② 이번 축제에는 다양한 _____ 을/를 제공한다.

③ 제 친구가 유학생 가요제에서 _____ 을/를 받았다.

④ 이번 축제 _____ 은/는 5월 8일부터 10일까지이다.

5과

시험과 학점

학점은 어떻게 확인해요?

- 이번 학기 시험은 언제예요?

- 학점을 잘 받으려면 어떻게 해야 해요?

1 주제 생각해 보기

 수강 신청한 과목에 대해 쓰고 이야기해 보세요.

1) 수업 시간은 언제예요?

2) 어디에서 수업을 들어요?

3) 학점 평가는 어떻게 해요?

4) 시험은 언제 봐요?

 다음 단어의 의미를 찾고 아는 단어에 표시(✓)하세요.

시험과 성적					
시험 정보		**평가 항목**		**평가 방법**	
☐ 시험 기간		☐ 출석	☐ 보고서	☐ 상대평가	
☐ 시험 범위		☐ 과제	☐ 중간시험	☐ 절대평가	
☐ 시험 장소		☐ 발표	☐ 기말시험	☐ P/NP	
☐ 시험 방법		☐ 토론	☐ 학습 참여도	☐ 객관식 문제	
☐ 강의 계획서를 조회하다		☐ 퀴즈	☐ 팀 프로젝트	☐ 단답식 문제	
☐ 공지 사항을 확인하다				☐ 주관식 문제	
				☐ 서술식 문제	
평가 확인		**서류 제출**		**과제**	
☐ 성적을 조회하다		☐ 유고결석계를 내다		☐ 개인 과제	
☐ 강의를 평가하다		☐ 출석으로 인정받다		☐ 조별 과제	
☐ 성적 이의 신청을 하다		☐ 수강 신청서를 내다		☐ 자료 출처를 밝히다	
☐ 출석을 확인하다		☐ 보고서를 내다		☐ 자료를 찾다/검색하다	
		☐ 과제를 제출하다		☐ 보고서를 작성하다	
				☐ 과제 형식을 잘 지키다	

주제로 배우는 대학 한국어 어휘

단어 떠올리기

 보기와 같이 빈칸에 떠오르는 단어를 써 보세요.

보기

①

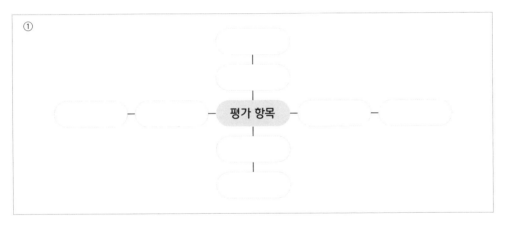

②

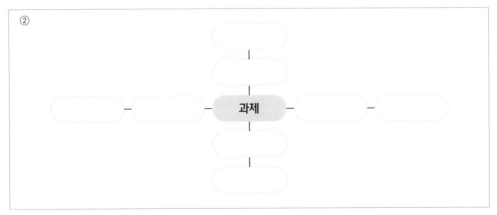

3 표현 넓히기

 시험에 대해서 말할 때 사용하는 표현을 더 알아보세요.

① 강의 계획서에서 성적 평가 방법을 확인해 봐요.
　　✎ (강의 계획서 / 참고 교재)

② 과제는 e-class에 제출하면 돼요.
　　✎ (보고서)

③ 오늘부터 학점을 확인할 수 있어요.
　　✎ (홈페이지에서 출석을 확인하다)

④ 유고결석계를 내면 출석으로 인정해 줘요.
　　✎ (교수님께 시험범위를 물어보다 / 알리다)

⑤ 학점을 잘 받으려면 평가 기준을 잘 알아야 해요.
　　✎ (과제 점수를 잘 받다 / 자료를 잘 찾다)

⑥ 보고서 형식을 잘 지켜서 감점을 받지 않았어요.
　　✎ (과제 기한 / 잘 지키다)

주제로 배우는 대학 한국어 어휘

4 어휘와 표현 사용하기

📖🔍 내가 본 시험에 대해 메모해 보세요.

내가 본 시험

📖🔍 내가 본 시험에 대해 글을 써 보세요.

나는

5 더 연습해 보기

📖🔍 친구 이야기를 듣고 친구에 대해 메모해 보세요.

6 어휘 확인하기

 다음 단어의 뜻을 생각하고 문장을 확인하세요.

1	**내다** 초급	대학에 진학하려고 한국대학교에 서류를 냈다.
2	**출석** 초급	나는 교수님께 유고결석계를 내서 출석으로 인정받았다.
3	**강의 계획서** 중급	학생들은 강의 계획서를 통해 한 학기 동안의 수업 일정을 확인한다.
4	**공지 사항** 중급	게시판에 공지 사항이 올라와 있다.
5	**과제** 중급	어제 과제를 하느라 잠을 못 잤다.
6	**발표** 중급	시간이 많지 않아서 중요한 부분만 짧게 발표했다.
7	**보고서** 중급	교수님께서 학생들이 제출한 보고서에 모두 평가 내용을 적어 주셨다.
8	**인정** 중급	입원 서류는 출석으로 인정을 받았다.
9	**제출** 중급	과제 제출이 언제까지인지 모른다.

10	**평가** 중급	이 과목의 평가는 시험과 출석이 전부이다.
11	**확인** 중급	수업 전에 항상 공지 사항을 확인해야 한다.
12	**형식** 중급	교수님께서 공지한 대로 보고서 형식을 잘 지켜야 감점을 받지 않는다.
13	**조회하다** 고급	수업을 신청하기 전에 강의 계획서를 조회해 봤다.
14	**출처** 고급	보고서를 쓸 때는 그 내용의 출처를 꼭 써야 한다.
15	**퀴즈** 고급	이번 전공 과목은 매주 퀴즈가 있다.
16	**학점** 고급	올해 졸업을 하려면 최소한 15학점은 신청해야 한다.

7 정리하기

 사람들에게 수강 신청한 과목의 평가 방법을 말할 수 있어요?

퀴즈 스스로 해 보기

1 보기와 같이 관련 있는 것을 연결하세요.

보기 **보고서를**   •   • 검색하다

① 자료를   •   • 확인하다

② 형식을   •   • 작성하다

③ 출석을   •   • 잘 지키다

④ 과제를   •   • 제출하다

2 보기와 같이 관계있는 단어를 골라 쓰세요.

상대평가	과제	개인 과제	객관식	제출하다	찾다

보기 **보고서**   과제   ③ 단답식   ↔

① 절대평가   ↔   ④ 내다

② 조별 과제   ↔   ⑤ 검색하다

3 보기와 같이 빈칸에 알맞은 단어를 골라 문장을 완성하세요.

인정하다	학점	자료 출처	출석	조회하다

보기 **수업 시간을 잘 지키세요. 출석 점수에 반영돼요.**

① 수강 신청 전에 강의 계획서를 _____어/야 한다 .

② 지난 학기 전공 과목 _____이/가 안 좋아서 이번에 재수강한다.

③ 유고결석계를 내면 출석으로 _____아/어 준다.

④ 보고서를 작성할 때 _____을/를 밝혀야 한다.

6과

대중교통

지하철을 자주 이용하는 편이에요

- 여러분은 보통 어떤 대중교통을 이용해요?
- 여러분은 공항에서 집까지 어떻게 왔어요?

내가 이용한 대중교통에 대해 쓰고 이야기해 보세요.

1) 집에서 학교까지 어떻게 왔어요?

2) 집에서 학교까지 얼마나 걸렸어요?

3) 여기서 부산까지 어떻게 가는지 알아요?

4) 여기서 부산까지 얼마나 걸려요?

 다음 단어의 의미를 찾고 아는 단어에 표시(✓)하세요.

대중교통					
대중교통		**대중교통 이용**		**타는 곳**	
☐ 버스	☐ 고속버스	☐ 타다	☐ 출발하다	☐ 정거장	
☐ 지하철	☐ 기차	☐ 내리다	☐ 도착하다	☐ 터미널	
		☐ 갈아타다/환승하다		☐ 환승역	

장점		**경험**	
☐ 빠르게 가다	☐ 길이 막히다	☐ 표를 끊다	
☐ 경치를 구경하다	☐ 막차를 놓치다	☐ 기차표가 매진되다	
☐ 시간이 걸리다	☐ 버스/지하철을 놓치다	☐ 교통 카드를 충전하다	
☐ 시간을 절약하다	☐ 버스/지하철을 잘못 타다	☐ 버스/지하철 노선을 확인하다	
☐ 돈을 아끼다	☐ 가는 방법이 복잡하다		
☐ 색다른 경험을 하다	☐ 정신없이 타다		
	☐ 지루하다		

2 단어 떠올리기

보기와 같이 빈칸에 떠오르는 단어를 써 보세요.

보기

①

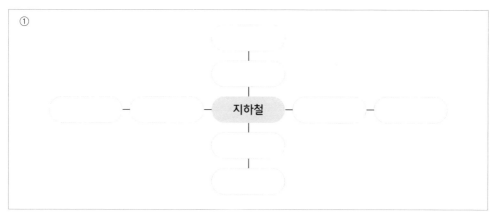

②

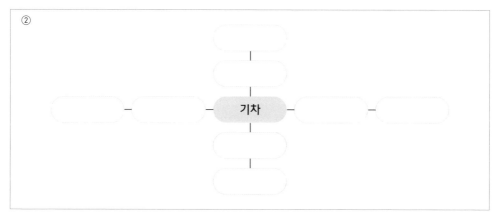

표현 넓히기

자주 타는 대중교통을 소개할 때 사용하는 표현을 더 알아보세요.

① 저는 한국에 온 지 한 달이 되었어요.
　✎ (서울에 살다 / 일주일)

② 출퇴근 시간에도 빠르게 이동할 수 있는 지하철을 자주 이용하는 편이에요.
　✎ (이동하면서 경치를 구경할 수 있다 / 버스)

③ 지하철을 반대로 타 가지고 다시 돌아온 적도 있지만 편리하게 이용할 수 있어요
　✎ (버스를 놓치다 / 약속 시간에 늦다)

④ 지난주에는 경복궁에 갔어요. 경복궁역에 가려면 지하철 1호선을 타고 쭉 가다가 종로3가역에서 내리면 돼요.
　✎ (홍대입구역 / 147번 버스/ 병원 앞)

⑤ 바로 3호선으로 갈아타서 경복궁역에서 내리면 되는데 30분쯤 걸려요.
　✎ (721번 버스 / 홍대입구 앞 정거장 / 1시간 10분)

⑥ 그리고 대중교통을 한 달 동안 이용할 수 있는 '기후동행카드'도 있으니까 관심이 있으면 확인해 보세요.
　✎ (대중교통을 이용하면 할인을 받을 수 있다 / '신용카드')

4 **어휘와 표현 사용하기**

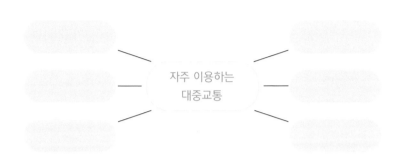 자주 이용하는 대중교통에 대해 메모해 보세요.

자주 이용하는
대중교통

자주 이용하는 대중교통에 대해 글을 써 보세요.

나는
_____

_____

_____

_____

5 **더 연습해 보기**

 친구 이야기를 듣고 친구에 대해 메모해 보세요.

6 어휘 확인하기

 다음 단어의 뜻을 생각하고 문장을 확인하세요.

1	**갈아타다** 초급	지하철에서 버스로 갈아탄 후에 10분만 더 가면 된다.
2	**걸리다** 초급	집에서 시청역까지 걸어서 20분쯤 걸렸다.
3	**막히다** 초급	택시를 탔는데 길이 막혀서 약속 시간에 늦을 것 같다.
4	**복잡하다** 초급	여기는 너무 복잡해서 길을 잃어버리기 쉽다.
5	**정거장** 초급	친구와 버스 정거장 앞에서 만나기로 했다.
6	**정신없이** 초급	집에서 정신없이 나와서 지갑을 안 가지고 왔다.
7	**지루하다** 초급	여기까지 버스로 세 시간 반이 걸려서 너무 지루했다.
8	**터미널** 초급	명절에는 고향에 가는 사람들이 많아서 터미널이 아주 복잡하다.
9	**끊다** 중급	주말에 경주에 가기 위해 KTX 승차권을 끊으려고 한다.

주제로 배우는 대학 한국어 어휘

10	**노선** 중급	처음 가는 곳이라면 지하철을 타기 전에 노선을 확인해야 한다.
11	**놓치다** 중급	오늘 아침에 조금 늦게 나와서 버스를 놓쳤다.
12	**색다르다** 중급	기차 여행을 한 적이 있는데 색다른 경험을 할 수 있어서 좋았다.
13	**아끼다** 중급	돈을 아끼고 싶어서 자전거를 타거나 걸어서 학교에 간다.
14	**절약하다** 중급	전기를 절약하려고 에어컨을 26도로 사용한다.
15	**환승역** 중급	서울역은 1호선에서 4호선으로 갈아탈 수 있는 환승역이라서 사람이 많다.
16	**충전하다** 고급	지하철을 타기 전에 먼저 교통카드를 충전하려고 한다.

7 정리하기

 사람들에게 자주 이용하는 대중교통을 소개할 수 있어요?

스스로 해 보기

① 보기와 같이 관련 있는 것을 연결하세요.

보기 **길이** •

① 시간이 •

② 표가 •

③ 교통 카드를 •

④ 버스를 •

• 충전하다

• 걸리다

• 매진되다

• 놓치다

• 박히나

② 보기와 같이 관계있는 단어를 골라 쓰세요.

| 놓치다 | 도착하다 | 예매하다 | 갈아타다 | 절약하다 | 복잡하다 |

보기 **도착하다** ↔ 출발하다   ③ 환승하다

① 버스를 타다 ↔ _____   ④ 비행기 표를 끊다

② 간단하다 ↔ _____   ⑤ 아끼다

③ 보기와 같이 빈칸에 알맞은 단어를 골라 문장을 완성하세요.

| 노선 | 터미널 | 정신없이 | 내리다 | 지루하다 |

보기 **지하철을 타고 가면서 휴대폰 게임을 하다가 못 내렸다.**

① 영화가 너무 _____아/어서 보다가 잤다.

② 이번 방학은 취업 준비 때문에 _____ 보냈다.

③ 인천공항은 _____이/가 두 곳이라서 잘 확인하고 가야 한다.

④ 휴대폰으로 지하철이나 버스 _____을/를 쉽게 볼 수 있다.

주제로 배우는 대학 한국어 어휘

종합문제(1~6과)

📚 **[1~6] 밑줄 친 부분과 의미가 비슷한 것을 고르세요.**

1. 입학식에 참석해서 <u>같은 학번</u> 친구들을 만났다. ( )

① 선배
② 후배
③ 동기
④ 졸업생

2. 예전에는 매일 수업에 <u>늦었지만</u> 요즘에는 학교에 일찍 온다. ( )

① 지각했지만
② 결석했지만
③ 활발했지만
④ 생각했지만

3. 학교에 잘 적응하기 위해서 태권도 동아리에 <u>들어갔다</u>. ( )

① 취소했다
② 예약했다
③ 퇴원했다
④ 가입했다

4. 그 영화에서 가장 <u>기억에 남는</u> 장면은 마지막 장면이었다. ( )

① 지루한
② 인상적인
③ 그저 그런
④ 실망스러운

5. 과제를 언제까지 <u>내야</u> 하는지 몰라서 동기에게 물어봤다. ( )

① 조회해야
② 신청해야
③ 제출해야
④ 감점해야

6. 서울역에서 지하철 4호선으로 <u>갈아타서</u> 명동역에서 내렸다. ( )

① 환승해서
② 예매해서
③ 도착해서
④ 충전해서

[7~12] 빈칸에 들어갈 말로 가장 알맞은 것을 고르세요.

7. 나는 작년에 대학에 입학해서 한국어를 (   ).   (   )

① 전공하고 있다
② 전공해도 된다
③ 전공하고 싶다
④ 전공할 것 같다

8. 나는 한국에 (   ) 벌써 1년이 됐다.

(   )

① 오면
② 올 때
③ 온 지
④ 오기 전에

9. 학교 앞 식당이 싸고 맛있어서 자주 (   ).   (   )

① 가 보세요
② 가곤 했다
③ 가지 않는다
④ 간 적이 없다

10. 다음 학기에 장학금을 (   ) 매일 열심히 공부했다.   (   )

① 받으면
② 받자마자
③ 받는 바람에
④ 받기 위해서

11. 이번 학기 성적평가 방법은 강의 계획서에서 (   ).   (   )

① 확인할 만하다
② 확인하면 된다
③ 확인하고 싶다
④ 확인하고 있다

12. 학교 앞에서 147번 버스를 타고 (   ) 강남역에서 내리면 된다.

(   )

① 가려고
② 가다가
③ 가는 만큼
④ 가는 대신에

[13~18] 다음을 읽고 내용이 같은 것을 고르세요.

13.   (   )

이번 주 금요일 오후 4시에 신입생을 대상으로 오리엔테이션을 할 예정이다. 오리엔테이션을 들으면 졸업에 필요한 학점과 수강 신청 방법에 대해 알 수 있다. 개강하기 전에 동기들도 만날 수 있어서 대학 생활에 잘 적응할 수 있을 것이다. 그리고 선배와의 만남 시간도 있어서 궁금한 것을 물어볼 수 있다.

주제로 배우는 대학 한국어 어휘

① 오리엔테이션은 이번 주 금요일 오전에 한다.

② 오리엔테이션에서는 수강 신청 방법만 알려준다.

③ 오리테이션에 참석하면 대학 생활에 도움이 된다.

④ 이번 오리엔테이션에는 신입생만 참석할 예정이다.

14. ( )

우리 학과에서는 다음 학기 과대표를 모집하고 있다. 평소 책임감이 있다는 말을 자주 듣거나 리더십이 있는 사람이 좋을 것 같다. 특히 새로운 사람을 만나는 것을 어려워하지 않고 모든 일에 적극적인 사람을 찾는다. 과대표에 도전하고 싶은 사람은 이번 달 말까지 지원하면 된다.

① 과대표는 책임감이 없는 사람이 잘 어울린다.

② 과대표는 외향적인 사람이 하는 것이 제일이다.

③ 과대표는 소극적인 사람이 지원하는 것이 좋다.

④ 우리 학과 과대표 지원 기한은 다음 학기까지이다.

15. ( )

도심 속 거리 박물관이라고 불리는 북촌 한옥 마을은 경복궁과 창덕궁 사이에 있다. 이곳은 한국의 전통문화에 관심이 있는 관광객이 많이 찾는 장소였다. 그런데 내년 3월부터는 오전 10시부터 오후 5시까지만 방문할 수 있다. 관광객이 너무 많아서 그곳에 사는 사람들이 불편함을 느끼기 때문이다.

① 북촌 한옥 마을은 전통문화 박물관 이다.

② 북촌 한옥 마을에는 지금은 사람이 살지 않는다.

③ 북촌 한옥 마을은 관광객이 잘 가지 않는 곳이다.

④ 앞으로 늦은 저녁 시간에는 북촌 한옥 마을을 관람하기 어렵다.

16. ( )

우리 학과는 이번 축제에서 음식을 만들어 팔기로 했다. 축제에 참여하는 것은 처음이라서 정말 기대가 된다. 이번 축제는 금요일까지 3일 동안 하는데 매일 오후에는 학생들의 장기 자랑과 동아리의 공연이 있다. 학생들의 공연이 끝난 후에는 유명한 가수가 와서 공연을 한다고 한다.

① 축제에 가면 저녁에는 공연을 즐길 수 있다.
② 작년에도 축제에 참여해서 음식을 만들었다.
③ 올해 축제 기간은 화요일부터 금요일까지이다.
④ 가수들의 공연이 끝나면 동아리 공연이 시작된다.

17. ( )

성공적인 대학교 생활을 위해서는 수강 신청을 하기 전에 강의 계획서를 꼼꼼히 확인하는 것이 좋다. 강의 평가 방법과 과제를 미리 확인할 수 있기 때문이다. 조별 과제는 적극적으로 참여하고 자료를 찾은 후에는 출처를 꼭 밝혀야 한다. 과제는 정해진 기한 안에 제출해야 한다.

① 강의 계획서에서는 평가에 대한 정보를 확인하기 어렵다.
② 수강 신청을 하기 전에 강의 계획서를 안 보는 것이 좋다.
③ 과제를 할 때 시간이 더 필요하다면 천천히 제출해도 된다.
④ 과제를 할 때 자료를 어디에서 검색했는지 반드시 적어야 한다.

18. ( )

지하철에서 잘못 내리거나 화장실에 가기 위해 내렸다가 다시 타는 사람이 하루에 4만 명이 넘는다고 한다. 이러한 불편함을 해결하기 위해 15분 내에 동일한 역에서 무료로 다시 탈 수 있는 제도가 생겼다. 환승역의 경우도 같은 호선으로 다시 탈 때만 이용할 수 있다. 또한 이 제도는 1회권이나 정기권으로는 이용할 수 없고 카드만 가능하다.

① 역 밖에서 필요한 만큼 시간을 보낼 수 있어서 좋다.
② 이 제도는 시간만 잘 지키면 모든 이용자가 이용할 수 있다.
③ 같은 역이어도 2호선에서 내려서 7호선으로 다시 탈 수는 없다.
④ 앞으로 지하철을 반대로 탔을 때 돌아오려면 카드를 찍어야 한다.

[19~24] 빈칸에 들어갈 말로 가장 알맞은 것을 고르세요.

19. ( )

새 학기를 맞아 대학 내의 여러 동아리에서 신입생을 모집하고 있다. 나는 테니스 동아리에 들어가고 싶었다. ( ) 모집 정원이 모두 차서 들어갈 수 없었다. 그래서 다른 동아리를 찾아보려고 한다.

① 그리고
② 그래서
③ 그러므로
④ 그렇지만

20. ( )

사람은 누구나 힘들 때 부정적인 생각이 들 수 있다. 긍정적인 사람은 항상 좋은 쪽으로 생각하려고 한다. 긍정적인 사람은 밝고 에너지가 많다. ( ) 활발하고 모든 일에 적극적이다.

① 가끔
② 또한
③ 그러면
④ 그러나

21. ( )

내가 한국에서 가장 좋아하는 장소 중 하나가 바로 한강공원이다. 한 달에 한두 번 정도 갈 정도로 한다. 그런데 요즘은 발표 준비를 하느라고 ( ) 못 가고 있다. 발표가 끝나면 자전거를 타러 한강공원에 가고 싶다.

① 일찍
② 우선
③ 자주
④ 금방

22. ( )

학교 축제 때 내가 좋아하는 가수를 보기 위해서 학교에 갔다. ( ) 공연 시작 2시간 전이었지만 벌써 많은 학생이 운동장에 모여 있었다. 가까이에서 볼 수 없었지만 노래를 따라 부르면서 신나게 즐겼다. 정말 기억에 남는 하루가 될 것 같다.

① 그런데
② 그래서
③ 그러면
④ 그러니까

23. ( )

지난달에는 언니의 결혼식이 있어서 고향에 다녀왔다. 교수님께는 이메일로 미리 연락을 드렸다. ( ) 수업을 못 듣게 되었지만 유고결석계를 내서 출석으로 인정받을 수 있었다. 남은 수업을 열심히 듣고 시험도 잘 준비할 것이다.

① 비록
② 혹시
③ 이따가
④ 반면에

24. ( )

이 역은 환승역인 데다가 근처에 큰 백화점과 버스 터미널도 있어서 늘 복잡하다. 지하철을 타면 길이 안 막혀서 빠르게 갈 수 있다. 하지만 지난번에는 안내 방송을 못 들어서 내려야 하는 정거장을 지나칠 뻔했다. ( ) 평소에 안내 방송을 잘 듣는 습관이 필요하다.

① 그리고
② 그러나
③ 그러면
④ 그러니까

7과

한국 요리

제가 좋아하는 잡채를 만들었어요

- 여러분이 좋아하는 음식은 뭐예요?
- 그 음식이 어때요? 어떤 재료로 만들어요?

1 주제 생각해 보기

 추천하고 싶은 음식을 쓰고 이야기해 보세요.

1) 한국 음식이 처음인 외국인에게

2) 특별한 날 먹으면 좋은 음식

3) 스트레스를 받았을 때 먹으면 좋은 음식

4) 다이어트를 하는 친구에게

 다음 단어의 의미를 찾고 아는 단어에 표시(✔)하세요.

요리 재료							

고기		채소				과일	
☐ 닭고기		☐ 당근	☐ 호박	☐ 고추		☐ 사과	☐ 수박
☐ 돼지고기		☐ 오이	☐ 감자	☐ 마늘		☐ 귤	☐ 참외
☐ 소고기		☐ 배추	☐ 버섯	☐ 양파		☐ 딸기	☐ 감
☐ 생선		☐ 무	☐ 고구마	☐ 파		☐ 바나나	

요리 방법		맛		양념	
☐ 썰다	☐ 찌다	☐ 짜다	☐ 싱겁다	☐ 소금	☐ 간장
☐ 자르다	☐ 조리다	☐ 달다	☐ 담백하다	☐ 설탕	☐ 참기름
☐ 깎다	☐ 볶다	☐ 시다	☐ 기름지다	☐ 후추	☐ 된장
☐ 다지다	☐ 굽다	☐ 맵다	☐ 고소하다	☐ 식초	☐ 고추장
☐ 끓이다	☐ 튀기다	☐ 쓰다	☐ 매콤하다	☐ 간을 보다	
☐ 삶다	☐ 부치다		☐ 새콤하다	☐ 간이 세다	
☐ 섞다	☐ 비비다		☐ 달콤하다	☐ 간이 약하다	
				☐ 간을 맞추다	

주제로 배우는 대학 한국어 어휘

2 단어 떠올리기

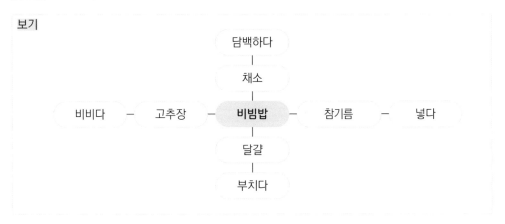 보기와 같이 빈칸에 떠오르는 단어를 써 보세요.

보기

```
                        담백하다
                          |
                         채소
                          |
비비다  ―  고추장  ―  비빔밥  ―  참기름  ―  넣다
                          |
                         달걀
                          |
                        부치다
```

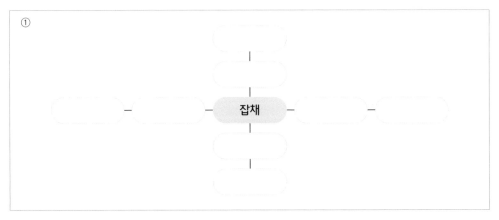

①

```
           (       )
              |
           (       )
              |
( )  ―  ( )  ―  잡채  ―  ( )  ―  ( )
              |
           (       )
              |
           (       )
```

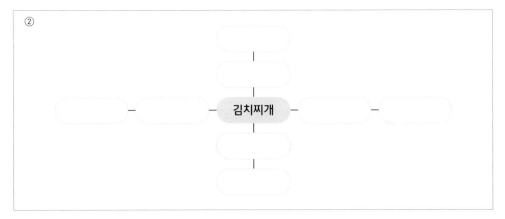

②

```
           (       )
              |
           (       )
              |
( )  ―  ( )  ―  김치찌개  ―  ( )  ―  ( )
              |
           (       )
              |
           (       )
```

3 표현 넓히기

 음식을 만드는 방법을 설명할 때 자주 사용하는 표현을 더 알아보세요.

① 잡채를 만들려면 먼저 채소를 준비하세요.

  ✎ (제육볶음을 만들다 / 돼지고기와 채소를 준비하다)

② 그다음에 양념을 준비하세요.

  ✎ (돼지고기와 채소를 볶다)

③ 물이 끓으면 준비한 재료를 넣으세요.

  ✎ (기름 온도가 올라가다 / 기름에 만두를 넣다)

④ 준비한 재료를 썰어서 냄비에 넣어요.

  ✎ (두부를 자르다 / 그릇에 넣다)

⑤ 파전은 간장에 찍어 먹어요.

  ✎ (비빔밥 / 고추장에 비비다)

⑥ 제가 좋아하는 잡채를 만들었어요. 맛있게 드세요.

  ✎ (그릇에 / 예쁘다 / 담다)

주제로 배우는 대학 한국어 어휘

4 어휘와 표현 사용하기

 내가 좋아하는 음식에 대해 메모해 보세요.

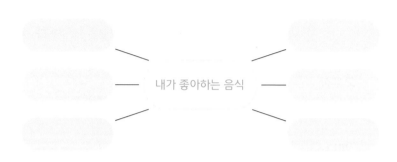

내가 좋아하는 음식

 내가 좋아하는 음식에 대해 글을 써 보세요.

나는

5 더 연습해 보기

 친구 이야기를 듣고 친구에 대해 메모해 보세요.

다음 단어의 뜻을 생각하고 문장을 확인하세요.

1	**간장** 초급	할머니는 미역국이 싱거워서 간장을 더 넣었다.
2	**고추장** 초급	비빔밥에 고추장을 넣어서 비벼 먹었다.
3	**깎다** 초급	사과는 보통 깎아서 먹는다.
4	**끓이다** 초급	시간이 없을 때 라면을 자주 끓여서 먹는다.
5	**닭고기** 초급	다이어트를 하는 동생은 단백질이 많고 지방이 적은 닭고기를 자주 먹는다.
6	**된장** 초급	할머니는 전통적인 방법으로 된장을 담그셨다.
7	**돼지고기** 초급	김치찌개를 끓이려고 나는 돼지고기를 샀다.
8	**소고기** 초급	우리 아이는 소고기 김밥을 좋아한다.
9	**소금** 초급	어머니는 양념이 싱거워서 소금을 더 넣었다.

10	생선 초급	생선을 구워 먹으면 더 맛있다.
11	설탕 초급	아버지는 커피에 항상 설탕을 넣어 드신다.
12	식초 초급	냉면에 식초를 조금 넣어 먹으면 새콤해서 더 맛있다.
13	썰다 초급	샐러드에 토마토, 당근, 오이를 썰어 넣는다.
14	다지다 중급	양념을 만들 때 마늘을 꼭 다져서 넣는다.
15	참기름 중급	비빔밥에 참기름을 넣어서 비비면 더 고소하다.
16	삶다 중급	고구마나 감자는 삶아 먹는 것이 건강에 좋다.
17	간을 맞추다 고급	싱거워서 간장으로 간을 맞추었다.

7 정리하기

 사람들에게 내가 좋아하는 음식을 소개할 수 있어요?

① 보기와 같이 관련 있는 것을 연결하세요.

보기 **소금, 된장, 간장**   •   • 고소하다
  ① 레몬, 식초   •   • 맵다
  ② 설탕, 초콜릿   •   • 달다
  ③ 고추장, 고추   •   • 짜다
  ④ 참기름, 깨   •   • 시다

② 보기와 같이 관계있는 단어를 골라 쓰세요.

섞다	간이 세다	싱겁다	매콤하다	담백하다	(자르다)

보기 **썰다**   자르다   ③ 맵다
  ① 기름지다   ↔   ④ 간이 약하다   ↔
  ② 비비다   ⑤ 짜다   ↔

③ 보기와 같이 빈칸에 알맞은 단어를 골라 문장을 완성하세요.

다지다	끓이다	삶다	(튀기다)	깎다

보기 **치킨, 돈가스, 만두 등은 기름에 튀긴다.**
  ① 된장찌개는 두부, 버섯, 애호박 등을 넣고 _____.
  ② 볶음밥은 채소와 김치를 _____아/어서 팬에 넣는다.
  ③ 먼저 끓는 물에 면을 _____고 채소와 고추장을 넣어 비벼 먹는다.
  ④ 사과는 껍질을 _____지 말고 그대로 먹는다.

8과

여행 계획

방학 때 태국으로 여행을 갈까 해요

- 여러분은 어디로 여행을 가고 싶어요?
- 여행을 갈 때 무엇을 준비해야 해요?

주제 생각해 보기

 내가 이용한 대중교통에 대해 쓰고 이야기해 보세요.

    1) 쇼핑과 시내 관광을 좋아하는 친구에게

    2) 배낭여행을 떠나고 싶어 하는 친구에게

    3) 바다에서 하는 스포츠를 즐기는 친구에게

    4) 박물관이나 문화재에 관심이 많은 친구에게

다음 단어의 의미를 찾고 아는 단어에 표시(✔)하세요.

여행		
종류	**준비**	**일정**
☐ 국내 여행	☐ 여권을 발급받다	☐ 맛집
☐ 해외여행	☐ 여권 사진을 찍다	☐ 시내 관광
☐ 신혼여행	☐ 항공권을 예매하다	☐ 놀이공원
☐ 졸업 여행	☐ 비자를 신청하다	☐ 기념품
☐ 배낭여행	☐ 숙소를 예약하다	☐ 유람선
☐ 당일 여행	☐ 보험을 들다	☐ 온천
		☐ 지역 축제

여행 짐		여행지 소개	
☐ 짐을 싸다	☐ 수영복	☐ 먹을거리가 많다	☐ 교통이 편리하다
☐ 짐을 부치다	☐ 화장품	☐ 음식이 맛있다	☐ 쇼핑할 곳이 많다
☐ 캐리어	☐ 선글라스	☐ 경치가 좋다	☐ 사진이 잘 나오다
☐ 옷	☐ 충전기	☐ 자연이 아름답다	☐ 관광객이 많다
☐ 속옷	☐ 드라이어		

주제로 배우는 대학 한국어 어휘

② 단어 떠올리기

 보기와 같이 빈칸에 떠오르는 단어를 써 보세요.

보기

떠나다 — 휴가 — **여행** — 맛집 — 정신없다

대사관 / 비자 / 여행 / 경험 / 신기하다

①

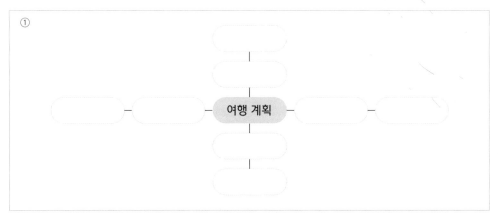

여행 계획

②

여행 준비물

3 표현 넓히기

 여행에 대해 이야기할 때 사용하는 표현을 더 알아보세요.

① 저는 이번 방학 때 태국으로 여행을 갈까 해요.
  ✎ (휴가 / 프랑스)

② 왜냐하면 저는 바다에서 하는 스포츠를 좋아하거든요.
  ✎ (박물관에 가는 것 / 좋아하다)

③ 바다에 가면 경치도 좋고 사진도 잘 나와요.
  ✎ (박물관에 가다 / 미술 작품을 볼 수 있다 / 기념품도 살 수 있다)

④ 비행기 표를 예약하자마자 숙소도 알아볼 거예요.
  ✎ (호텔을 예약하다 / 환전을 하다)

⑤ 미리 여권도 만들어 놓고 비자도 신청해야겠어요.
  ✎ (식당을 찾다 / 교통편도 알아보다)

⑥ 그리고 박물관에 간다거나 미술관에도 가고 싶어요.
  ✎ (시내 관광을 하다 / 유명한 놀이공원에 가다)

주제로 배우는 대학 한국어 어휘

📖🔍 나의 여행 계획에 대해 메모해 보세요.

나의 여행 계획

📖🔍 나의 여행 계획에 대해 글을 써 보세요.

나는

_____

_____

_____

_____

5 **더 연습해 보기**

📖🔍 친구 이야기를 듣고 친구에 대해 메모해 보세요.

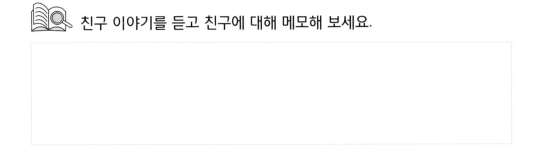

6 어휘 확인하기

 다음 단어의 뜻을 생각하고 문장을 확인하세요.

1	**관광객** 초급	한국을 찾는 외국인 관광객이 점점 많아지고 있다.
2	**국내 여행** 초급	한국에서 국내 여행으로 가장 인기가 많은 곳은 제주도라고 생각한다.
3	**나오다** 초급	사진을 찍을 때 자연스럽게 웃으면 사진이 잘 나올 것이다.
4	**부치다** 초급	공항에서 짐을 부칠 때 캐리어 안에 배터리가 있는지 확인해야 한다.
5	**예매하다** 초급	인터넷으로 기차표를 예매하기 위해서는 먼저 회원 가입이 필요하다.
6	**적당하다** 초급	숙소는 너무 싸거나 비싼 곳 말고 적당한 곳이 좋다.
7	**편리하다** 초급	우리 집 근처에는 버스 정류장과 지하철역이 모두 있어서 교통이 편리하다.
8	**항공권** 초급	홈페이지에서 예약한 항공권을 확인할 수 있다.
9	**해외여행** 초급	해외여행을 가기 위해서 먼저 여권을 준비해 놓아야 한다.

주제로 배우는 대학 한국어 어휘

10	당일 여행 중급	서울에서 당일 여행으로 갈 만한 곳은 전주, 강릉 등이 있다.
11	먹을거리 중급	유명한 관광지 근처에는 항상 볼거리가 많고 먹을거리도 많다.
12	발급받다 중급	한국 사람이라면 집 근처에 있는 구청이나 시청에서 여권을 발급받을 수 있다.
13	보험 중급	6개월 이상 한국에 있는 유학생은 건강 보험에 자동으로 가입된다.
14	신기하다 중급	시장에 가니까 신기한 물건을 많이 팔고 있었다.
15	신혼여행 중급	결혼식이 끝난 후에 발리로 신혼여행을 떠날 것이다.
16	연장하다 중급	한국에서 1년 더 공부하기 위해 비자를 연장하려고 한다.

7 정리하기

 사람들에게 나의 여행 계획에 대해 소개할 수 있어요?

① 보기와 같이 관련 있는 것을 연결하세요.

보기 **비자를** •   • 찍다

① 숙소를 •   • 예매하다

② 유람선을 •   • 발급받다

③ 항공권을 •   • 예약하다

④ 여권 사진을 •   • 타다

② 보기와 같이 관계있는 단어를 골라 쓰세요.

| 풀다 | 해외여행 | 들다 | 작성하다 | 항공권 | 부치다 |

보기 **국내 여행** ↔ 해외여행   ③ 짐을 싸다 ↔

① 비행기 표   ④ 신청서를 쓰다

② 짐을 보내다   ⑤ 보험을 가입하다

③ 보기와 같이 빈칸에 알맞은 단어를 골라 문장을 완성하세요.

| 대사관 | 나오다 | 배낭여행 | 기념품 | 편리하다 |

보기 **배낭여행은 짐이 적어서 자유롭게 다닐 수 있다는 장점이 있다.**

① 유학을 위해 비자를 신청하러 _____에 다녀왔다.

② 명동은 교통이 _____고 쇼핑할 곳이 많아서 인기가 많다.

③ 밝은 색깔의 옷을 입으면 사진이 잘 _____아/어/여서 좋다.

④ 여행 마지막 날에 _____ 가게에 가서 친구들에게 줄 선물을 사 왔다.

9과

쇼핑

배송도 빠르고 서비스도 좋던데요

- 자주 쇼핑하는 곳이 어디예요?
- 그곳에서 산 물건이 어땠어요?

1 주제 생각해 보기

 물건을 구매한 경험에 대해 쓰고 이야기해 보세요.

1) 물건을 살 때 가장 중요한 것이 뭐예요?

2) 신선한 과일과 채소를 어디에서 사요?

3) 품질이 좋은 물건을 어디에서 사요?

4) 24시간 이용할 수 있는 곳은 어디예요?

 다음 단어의 의미를 찾고 아는 단어에 표시(✓)하세요.

쇼핑		
쇼핑 장소	**인터넷 쇼핑**	**배송**
☐ 백화점 ☐ 슈퍼마켓	☐ 검색하다 ☐ 주문하다	☐ 배송비
☐ 쇼핑몰 ☐ 편의점	☐ 비교하다 ☐ 결제하다	☐ 도착 예정일
☐ 시장	☐ 가입하다	☐ 물건이 도착하다
☐ 대형 마트	☐ 주소를 입력하다	☐ 택배를 받다
특징	**제품의 문제**	**교환과 환불**
☐ 할인을 많이 하다	☐ 고객 센터	☐ 교환하다
☐ 할인 행사	☐ 문의 게시판	☐ 반품하다
☐ 가격이 저렴하다	☐ 품절되다	☐ 환불하다
☐ 물건이 다양하다	☐ 배송 문제	☐ 주문을 취소하다
☐ 믿을 수 있다	☐ 더러운 것이 묻다	
	☐ 사이즈가 안 맞다	
	☐ 사진과 다르다	

2 단어 떠올리기

보기와 같이 빈칸에 떠오르는 단어를 써 보세요.

보기

①

②

3 표현 넓히기

 쇼핑 경험을 소개할 때 사용하는 표현을 더 알아보세요.

① 저는 패션스토리라는 인터넷 쇼핑몰을 이용해 봤어요.

　✎ (더서울 / 대형 쇼핑몰)

② 옷을 파는 쇼핑몰인데 이용해 보니까 배송도 빠르고 서비스도 좋던데요.

　✎ (디자인도 마음에 들다 / 가격도 적당하다)

③ 그리고 구매 후기를 보니까 다른 사람들도 만족한 모양이에요.

　✎ (구매한 사람이 많다 / 인기가 많다)

④ 할인 행사가 있어 가지고 원하는 셔츠를 싸게 샀어요.

　✎ (가격을 비교하다 / 바지)

⑤ 그런데 박스를 열어 봤는데 주문한 제품이 아니었어요.

　✎ (집에서 다시 입어보다 / 생각한 느낌이 아니다)

⑥ 그냥 입으려다가 반품하고 말았는데 다음부터 다른 쇼핑몰을 이용해야겠어요.

　✎ (입으려다가 교환하다 / 옷을 꼭 입어 보고 사다)

주제로 배우는 대학 한국어 어휘

4 어휘와 표현 사용하기

 내가 구매한 물건에 대해 메모해 보세요.

내가 구매한 물건

 내가 구매한 물건에 대해 글을 써 보세요.

나는
_____

_____

_____

_____

5 더 연습해 보기

 친구 이야기를 듣고 친구에 대해 메모해 보세요.

다음 단어의 뜻을 생각하고 문장을 확인하세요.

1	**가격** 초급	시장에 가면 저렴한 가격으로 좋은 물건을 구매할 수 있다.
2	**교환하다** 초급	영수증이 있어야 구입한 물건을 교환할 수 있다.
3	**비교하다** 초급	물건을 사기 전에 품질과 가격을 비교하지 않으면 안 된다.
4	**사이즈** 초급	사이즈가 안 맞거나 색이 마음에 안 들면 일주일 내로 교환이 가능하다.
5	**서비스** 초급	우리 회사는 좋은 서비스를 제공하기 위해 노력하고 있다.
6	**주문하다** 초급	인터넷으로 주문하려다가 직접 매장에 가서 입어 보고 사기로 했다.
7	**할인 행사** 초급	마트가 사람들로 붐비는 걸 보니까 할인 행사를 하는 것 같다.
8	**가입하다** 중급	홈페이지에서 회원으로 가입해야지 할인 쿠폰을 받을 수 있다.
9	**검색하다** 중급	평소에 궁금한 게 있을 때 인터넷으로 검색한다.

10	**고객 센터** 중급	고객 센터에 문의하기 위해 전화를 했지만 연결되지 않았다.
11	**묻다** 중급	새로 산 옷에 더러운 것이 묻어 있어서 기분이 좋지 않았다.
12	**품질** 중급	요즘은 디자인이나 광고보다 제품의 품질을 중요하게 생각하는 사람들이 많다.
13	**환불하다** 중급	주문한 물건이 도착했는데 사진과 너무 달라서 환불하고 싶었다.
14	**품절되다** 고급	친구가 사고 싶어 한 운동화가 며칠 만에 품절되었다고 한다.

7 정리하기

 사람들에게 내가 구매한 물건을 소개할 수 있어요?

퀴즈 스스로 해 보기

① 보기와 같이 관련 있는 것을 연결하세요.

보기 **물건의 종류가** • • 취소하다

① 문의 게시판에 • • 글을 올리다

② 주소를 • • 다양하다

③ 주문을 • • 입력하다

④ 사이즈가 • • 인 맞다

② 보기와 같이 관계있는 단어를 골라 쓰세요.

교환하다	값	저렴하다	구매하다	품절되다	검색하다

보기 **가격** 값 ③ 사다

① 싸다 ④ 바꾸다

② 찾다 ⑤ 다 팔리다

③ 보기와 같이 빈칸에 알맞은 단어를 골라 문장을 완성하세요.

도착 예정일	할인	반품하다	교환하다	비교하다

보기 **색은 마음에 들지만 사이즈가 너무 커서 작은 걸로 교환했다.**

① 이미 _____이/가 한참 지났지만 제품을 받지 못했다.

② 주문한 물건이 사진과 너무 달라서 _____(으)려고 한다.

③ 가격과 품질을 _____았/었더니 이걸 살 수밖에 없었다.

④ 새로 생긴 대형 마트에서 요즘 _____ 행사를 하는 중이다.

주제로 배우는 대학 한국어 어휘

10과

여가 생활

한국 요리를 배우고 있어요

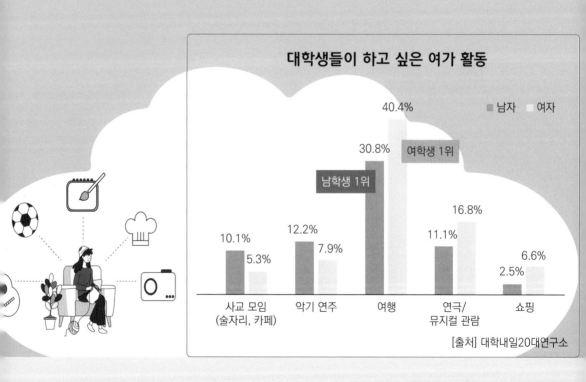

대학생들이 하고 싶은 여가 활동

■ 남자 ■ 여자

- 사교 모임 (술자리, 카페): 10.1% / 5.3%
- 악기 연주: 12.2% / 7.9%
- 여행: **남학생 1위** 30.8% / **여학생 1위** 40.4%
- 연극/뮤지컬 관람: 11.1% / 16.8%
- 쇼핑: 2.5% / 6.6%

[출처] 대학내일20대연구소

- 여러분은 시간이 있을 때 보통 뭘 해요?
- 지금 하고 있는 여가 활동이 있어요? 뭐예요?

1 주제 생각해 보기

 추천하고 싶은 여가 활동을 쓰고 이야기해 보세요.

1) 스트레스가 많은 친구에게

2) 집중력이 필요하다고 생각하는 친구에게

3) 새로운 사람을 만나고 싶어 하는 친구에게

4) 체력을 키우고 싶어 하는 친구에게

 다음 단어의 의미를 찾고 아는 단어에 표시(✓)하세요.

여가 활동		
스포츠 활동	**문화 활동**	**자기 계발**
☐ 수영 ☐ 승마	☐ 음악 감상	☐ 책 읽기
☐ 낚시 ☐ 스키	☐ 공연 관람	☐ 외국어 학습
☐ 요가 ☐ 등산	☐ 영화 관람	☐ 자격증 따기
☐ 태권도 ☐ 캠핑	☐ 전시회 관람	☐ 악기 배우기
☐ 마라톤 ☐ 자전거	☐ 스포츠 관람	☐ 인터넷 개인 방송
	☐ 연주회 관람	
여가 활동 효과		
☐ 기분 전환이 되다	☐ 피로가 풀리다	
☐ 기분이 상쾌해지다	☐ 스트레스가 풀리다	
☐ 마음이 차분해지다	☐ 체력을 키우다	
☐ 몸과 마음이 재충전되다	☐ 몸이 가벼워지다	
☐ 새로운 사람을 알게 되다	☐ 집중력이 좋아지다	
☐ 자기 자신을 잘 알게 되다	☐ 시야가 넓어지다	

2 단어 떠올리기

📖🔍 보기와 같이 빈칸에 떠오르는 단어를 써 보세요.

①

②

3 표현 넓히기

 여가 활동에 대해 이야기할 때 사용하는 표현을 더 알아보세요.

① 저는 낚시를 한번 해 보고 싶어요.
　✎ (요가 / 배우다)

② 운동을 하면 체력이 좋아져요.
　✎ (여가 활동 / 기분이 상쾌하다)

③ 취미로 한국 요리를 배우고 있어요.
　✎ (요가 / 하다)

④ 베트남어를 조금 할 줄 알아요.
　✎ (자전거 / 타다)

⑤ 외국어를 가르쳐 줄 수 있어요?
　✎ (기타 / 치다)

⑥ 자격증을 따려면 뭐가 필요해요?
　✎ (악기 / 연주하다)

　　　　　　　　　　　　　　　　　　주제로 배우는 대학 한국어 어휘

4 어휘와 표현 사용하기

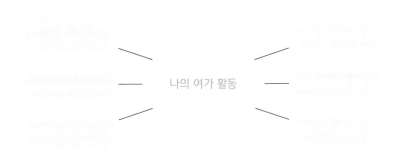 나의 여가 활동에 대해 메모해 보세요.

나의 여가 활동

 나의 여가 활동에 대해 글을 써 보세요.

나는

5 더 연습해 보기

친구 이야기를 듣고 친구에 대해 메모해 보세요.

6 어휘 확인하기

 다음 단어의 뜻을 생각하고 문장을 확인하세요.

| 1 | **등산** 초급 | 친구는 등산이 건강에 좋다면서 주말마다 산에 간다. |

| 2 | **스트레스** 초급 | 그림을 그리면 스트레스가 풀린다. |

| 3 | **외국어** 초급 | 외국어를 잘하려면 단어를 많이 외워야 한다. |

| 4 | **태권도** 초급 | 나는 취미로 태권도를 하고 있다. |

| 5 | **키우다** 초급 | 꾸준히 신문을 읽으면 생각을 키울 수 있다. |

| 6 | **관람하다** 중급 | 나는 개봉작을 상영 첫날에 관람할 정도로 영화를 좋아한다. |

| 7 | **기분 전환** 중급 | 문화 활동을 하고 나면 기분 전환이 된다. |

| 8 | **여가** 중급 | 우리 학교에는 학생들이 여가를 편하게 즐길 만한 공간이 적다. |

| 9 | **연주하다** 중급 | 나는 가야금을 연주할 수 있다. |

주제로 배우는 대학 한국어 어휘

10	**음악 감상** 중급	음악 감상이 취미인 나는 항상 음악을 듣는다.
11	**자격증** 중급	관광 통역사와 같은 자격증이 있으면 취업에 도움이 된다.
12	**체력** 중급	꾸준히 운동을 하니까 체력이 좋아졌다.
13	**풀리다** 중급	하루 종일 잤지만 피로가 풀리지 않았다.
14	**학습** 중급	우리 반 학생들은 모두 학습 태도가 바르다.
15	**자기 계발** 고급	요즘 대학생들은 자기 계발을 게을리하지 않는다.
16	**재충전** 고급	회사는 야근하는 직원들에게 재충전을 할 수 있는 휴가를 주었다.
17	**집중력** 고급	여가 활동을 하면 집중력이 좋아진다.

7 정리하기

 사람들에게 내가 하고 있는 여가 활동을 말할 수 있어요?

① 보기와 같이 관련 있는 것을 연결하세요.

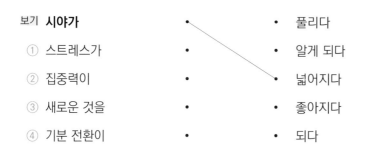

보기 **시야가**   •   •   풀리다

① 스트레스가   •   •   알게 되다

② 집중력이   •   •   넓어지다

③ 새로운 것을   •   •   좋아지다

④ 기분 전환이   •   •   되다

② 보기와 같이 관계있는 단어를 골라 쓰세요.

쌓이다	감상하다	나빠지다	가벼워지다	좁아지다	학습하다

보기 **풀리다**   ↔   쌓이다   ③ 느끼다

① 좋아지다   ↔   ④ 넓어지다   ↔

② 공부하다   ⑤ 무거워지다   ↔

③ 보기와 같이 빈칸에 알맞은 단어를 골라 문장을 완성하세요.

공연 관람	연주하다	여가 활동	자기 계발	체력

보기 **여가 활동을 하니까 기분 전환도 되고 집중력도 좋아지는 것 같다.**

① _____을/를 하기 전에 휴대 전화를 꼭 꺼 둬야 한다.

② 음악 동아리 친구들과 연말에 기타를 _____기로 했다.

③ _____을/를 위해서 외국어를 배우려고 한다.

④ 꾸준한 운동으로 _____이/가 좋아졌다.

11과

감정

스트레스 때문에 잠이 안 와요

- 여러분은 오늘 기분이 어때요?

- 뭘 할 때 기분이 좋아요?

주제 생각해 보기

 나의 감정에 대해 쓰고 이야기해 보세요.

1) 뭘 할 때 가장 행복해요?

2) 가장 외로울 때는 언제예요?

3) 요즘 무엇 때문에 스트레스를 받아요?

4) 어떻게 하면 스트레스가 풀려요?

다음 단어의 의미를 찾고 아는 단어에 표시(✓)하세요.

감정 표현		
기분		
☐ 기분이 좋다	☐ 기분이 나쁘다	☐ 불안하다
☐ 즐겁다	☐ 외롭다	☐ 답답하다
☐ 설레다	☐ 무섭다	☐ 그립다
☐ 행복하다	☐ 우울하다	☐ 스트레스를 받다
☐ 기대되다	☐ 긴장되다	

스트레스의 원인		결과	기분 전환과 문제 해결
☐ 시험	☐ 룸메이트	☐ 실수하다	☐ 충분히 자다
☐ 과제	☐ 문화 차이	☐ 위가 아프다	☐ 자신감을 가지다
☐ 외모	☐ 취업 준비	☐ 잠이 안 오다	☐ 가볍게 산책하다
☐ 이웃집		☐ 친구와 다투다	☐ 맛있는 음식을 먹다
		☐ 시험을 못 보다	☐ 선생님과 상담하다
			☐ 규칙적으로 생활하다

주제로 배우는 대학 한국어 어휘

2 단어 떠올리기

 보기와 같이 빈칸에 떠오르는 단어를 써 보세요.

보기

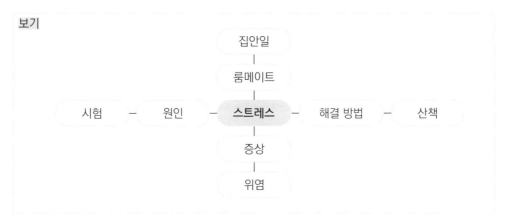

①

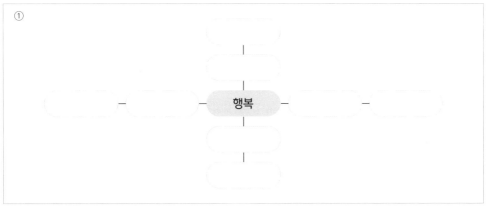

②

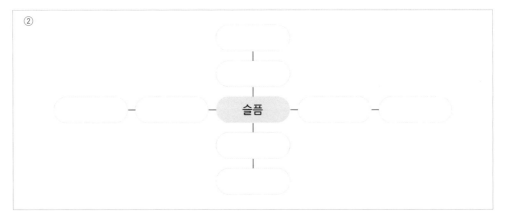

3 표현 넓히기

 감정을 표현할 때 사용하는 표현을 더 알아보세요.

① 이제 한국에 온 지 한 달이 되었는데 한국에서 유학하면서 느낀 것에 대해 이야기하고 싶어요.

　✎ (룸메이트와 생활하다 / 6개월)

② 한국 유학을 오기 전에는 한국에 대해 잘 몰랐어요.

　✎ (룸메이트와 살다 / 고향에서 가족들과 함께 살았다)

③ 그래서 한국 생활이 기대되었지만 긴장되기도 했어요.

　✎ (다른 사람과 함께 사는 것이 설레다 / 불안하다)

④ 친구를 못 만날 정도로 과제가 많았고 시험 기간에는 스트레스 때문에 잠이 안 왔어요.

　✎ (잠을 못 자다 / 이웃집 사람이 시끄러웠다 / 지난주 / 파티하는 소리 / 밤을 새웠다)

⑤ 그럴 때 가볍게 산책을 하고 규칙적으로 생활하려고 노력하니까 기분이 좋아졌어요.

　✎ (룸메이트와 자주 대화를 나누다 / 생활 규칙을 지키기 위해 노력하다)

⑥ 한국 생활이 어려울 때도 있었지만 요즘은 친구들 덕분에 행복하게 지내고 있어요.

　✎ (한국 생활이 힘들 때도 있다 / 룸메이트 / 외롭지 않게 지내다)

오늘 나의 기분에 대해 메모해 보세요.

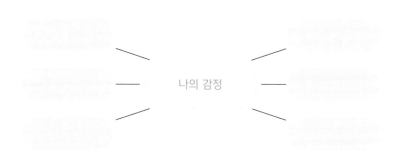

나의 감정

 오늘 나의 기분에 대해 글을 써 보세요.

나는

 친구 이야기를 듣고 친구에 대해 메모해 보세요.

다음 단어의 뜻을 생각하고 문장을 확인하세요.

1	**그립다** 초급	한국 생활이 재미있지만 요즘은 고향에 있는 가족이 그리워서 매일 통화를 한다.
2	**긴장되다** 초급	시험을 잘 보고 싶었는데 너무 긴장되어서 이번에도 실수를 많이 했다.
3	**답답하다** 초급	나는 보통 가슴이 답답할 때 시원한 물을 마신다.
4	**불안하다** 초급	요즘 사람들은 휴대전화를 안 가지고 외출하면 매우 불안해 한다.
5	**스트레스** 초급	학교 생활을 하면서 받은 스트레스를 풀고 싶을 때는 운동을 하는 게 제일이다.
6	**외롭다** 초급	기숙사에 살면 룸메이트와 집안일을 같이 해야 하지만 덜 외롭다는 장점도 있다.
7	**행복하다** 초급	다음 달에 고향으로 돌아가지만 친구들 덕분에 행복하게 지낼 수 있었다.
8	**기대되다** 중급	이번 제주도 여행에서 제일 기대되는 것은 한라산 등산이다.
9	**상담하다** 중급	우리 대학교에는 재학생을 위해 상담을 해 주는 상담실이 있다.

10	**설레다** 중급	내일 첫 데이트를 생각하니까 벌써 마음이 설렌다.
11	**외모** 중급	최근에는 외모 스트레스 때문에 다이어트를 하거나 성형 수술을 고민하는 사람들이 많다.
12	**우울하다** 중급	요즘 장마가 시작되어서 기분이 우울하다.
13	**이웃집** 중급	최근 이사 온 이웃집 사람하고 인사를 했다.
14	**자신감** 중급	발표를 잘하고 싶었는데 자신감이 부족해서 작은 소리로 이야기했다.

7 정리하기

 사람들에게 나의 감정에 대해 이야기할 수 있어요?

스스로 해 보기

① 보기와 같이 관련 있는 것을 연결하세요.

보기 **스트레스가** •   • 가지다

① 자신감을 •   • 받다

② 규칙적으로 •   • 풀리다

③ 스트레스를 •   • 생활하다

④ 문화 차이를 •   • 느끼다

② 보기와 같이 관계있는 단어를 골라 쓰세요.

다투다	규칙적	충분하다	원인	불안하다	과제

보기 **불규칙적** ↔ 규칙적   ③ 부족하다 ↔ _____

① 싸우다 _____   ④ 이유 _____

② 마음이 편하다 ↔ _____   ⑤ 숙제 _____

③ 보기와 같이 빈칸에 알맞은 단어를 골라 문장을 완성하세요.

상담하다	긴장되다	무섭다	기대되다	그립다

보기 **친구들과의 여행이 너무 기대되어서 어젯밤에 잠이 안 왔다.**

① 고향 음식이 _____아/어서 직접 만들어 봤는데 그 맛이 아니었다.

② _____ 영화를 보고 혼자서 집에 오는데 영화 내용이 생각났다.

③ 토픽 시험을 볼 때 너무 _____아/어서 손에서 땀이 났다.

④ 선생님과 진로에 대해 _____(으)면서 내가 하고 싶은 일에 대해 고민하게 되었다.

주제로 배우는 대학 한국어 어휘

12과

진로와 계획

진로를 선택할 때는 적성이 중요해요

- 진로를 정할 때 무엇이 가장 중요해요?
- 진로에 대한 고민이 있을 때 누구하고 이야기해요?

주제 생각해 보기

 지신의 진로와 계획에 대해 쓰고 이야기해 보세요.

1) 요즘 가장 관심이 있는 분야는 뭐예요?

2) 본인이 가장 자신이 있는 것은 뭐예요?

3) 대학교를 졸업하고 나서 무엇을 하고 싶어요?

4) 취업에 대한 정보를 얻고 싶으면 어떻게 해요?

다음 단어의 의미를 찾고 아는 단어에 표시(✔)하세요.

진로와 계획		
진로	**계획**	
☐ 한국어를 전공하다	☐ 어학연수를 다녀오다	☐ 학점을 관리하다
☐ 대학원에 진학하다	☐ 유학을 준비하다	☐ 자격증을 따다
☐ 한국 회사에 취업하다	☐ 취업 스터디를 하다	☐ 다양한 경험을 하다
☐ 공무원 시험에 합격하다	☐ 취업 박람회에 참가하다	☐ 인턴으로 일하다
☐ 창업하다 / 회사를 차리다		
조건	**소개 표현**	
☐ 근무 시간 ☐ 전망	☐ 진로를 (못) 정하다	☐ 자신감을 가지다
☐ 거리 ☐ 관심	☐ 진로를 바꾸다	☐ 능력을 인정받다
☐ 연봉 ☐ 적성	☐ 계획을 세우다	☐ 포기하다
☐ 복지	☐ 마음을 먹다	☐ 후회하다
	☐ 결심하다	

주제로 배우는 대학 한국어 어휘

2 단어 떠올리기

보기와 같이 빈칸에 떠오르는 단어를 써 보세요.

보기

흥미 — 관심 — 보너스 — 연봉 — 진로 선택의 조건 — 적성 — 전공 — 복지 — 휴가

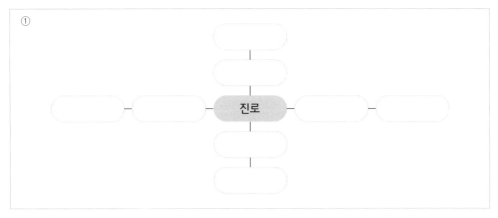

① 진로

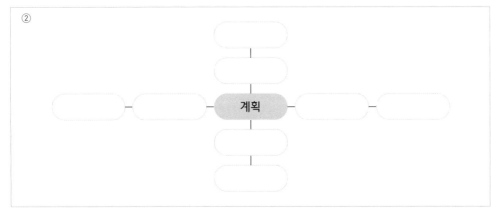

② 계획

3 표현 넓히기

 진로와 계획을 소개할 때 사용하는 표현을 더 알아보세요.

① 저는 대학교에서 한국어를 전공하고 있어요.

   ✎ (대학교 / 경영학)

② 내년이면 4학년이 되는데 요즘 취업 때문에 고민이 많아요.

   ✎ (3학년 / 진로)

③ 진로를 선택할 때는 자신의 적성이 가장 중요하다고 생각해요.

   ✎ (회사 / 회사의 전망)

④ 한국 회사에 취직하고 싶은데 어떤 회사가 잘 맞을지 모르겠어요.

   ✎ (유학을 가다 / 유학 생활에 잘 적응할 수 있다)

⑤ 선배에게 물어보니까 취업 박람회에 가 보는 게 어떠냐고 했어요.

   ✎ (친구에게 이야기해 보다 / 외국어 스터디를 하다)

⑥ 취업에 성공할 수 있도록 포기하지 말고 열심히 노력해야겠어요.

   ✎ (유학 생활을 잘할 수 있다 / 자신감을 가지고 열심히 노력하다)

4 어휘와 표현 사용하기

 나의 진로와 계획에 대해 메모해 보세요.

나의 진로와 계획

 나의 진로와 계획에 대해 글을 써 보세요.

나는

5 더 연습해 보기

 친구 이야기를 듣고 친구에 대해 메모해 보세요.

6 어휘 확인하기

 다음 단어의 뜻을 생각하고 문장을 확인하세요.

1	**공무원** 초급	요즘은 공무원으로 일하고 싶어 하는 청년들이 많다.
2	**관심** 초급	평소 취업 관련 뉴스에 관심을 가지는 것이 좋다.
3	**대학원** 초급	대학교를 졸업한 후에 대학원에 진학하려고 한다.
4	**유학** 초급	유학을 준비하는 학생들이 많아지고 있다.
5	**전공** 초급	자신의 적성과 관심을 고려하여 전공을 선택해야 한다.
6	**관리하다** 중급	1학년 때부터 열심히 공부해서 학점을 관리했다.
7	**어학연수** 중급	한국어를 공부하면서 문화도 체험하고 싶어서 어학연수를 왔다.
8	**자격증** 중급	올해의 목표인 자격증을 따기 위해 노력할 것이다.
9	**적성** 중급	자신에게 맞는 일을 찾고 싶으면 적성 검사를 해 보는 게 좋다.

10	**전망** 중급	AI 관련 분야는 앞으로도 전망이 좋을 것 같다.
11	**진학하다** 중급	고향에서 고등학교를 졸업하고 한국에 있는 대학교에 진학했다.
12	**취업하다** 중급	원하는 회사에 취업해서 나의 능력을 인정받고 싶다.
13	**학점** 중급	한 학기 동안 열심히 노력해서 이번 학기 학점으로 A+를 받았다.
14	**복지** 고급	직원 복지에 대한 설문 조사 결과 점심 무료 제공이 가장 인기가 많았다.
15	**연봉** 고급	그 야구 선수는 높은 연봉을 받고 계약을 했다.
16	**창업하다** 고급	그분은 새로운 아이디어로 창업해서 성공한 것으로 유명하다.
17	**취업 박람회** 고급	한국 취업에 대한 정보를 얻기 위해 취업 박람회에 참여했다.

7 정리하기

 사람들에게 나의 진로와 계획을 소개할 수 있어요?

퀴즈 스스로 해 보기

1 보기와 같이 관련 있는 것을 연결하세요.

보기 **경영학을** • • 참가하다

① 자신감을 • • 따다

② 공무원 시험을 • • 준비하다

③ 취업 박람회에 • • 전공하다

④ 자격증을 • • 가지다

2 보기와 같이 관계있는 단어를 골라 쓰세요.

결심하다	포기하다	취업하다	창업하다	떨어지다	졸업

보기 **입학** ↔ 졸업 ③ 회사에 들어가다

① 그만두다 ④ 사업을 시작하다

② 합격하다 ↔ ⑤ 마음을 먹다

3 보기와 같이 빈칸에 알맞은 단어를 골라 문장을 완성하세요.

진학하다	유학	진로	스터디	능력

보기 **앞으로 매주 토요일 오전에 취업 스터디를 하기로 했다.**

① 나는 고등학교를 졸업한 후에 대학교에 _____지 않고 은행에 취업했다.

② 그분은 항상 맡은 일에 최선을 다했는데 결국 _____을/를 인정받았다.

③ _____ 준비를 위해 먼저 가고 싶은 나라와 도시를 정해야 한다.

④ 우리 학교에서는 _____에 고민이 많은 학생들을 위해 상담을 지원한다.

종합문제(7~12과)

📚 **[1~6] 밑줄 친 부분과 의미가 비슷한 것을 고르세요.**

1. 된장찌개를 끓일 때 <u>간이 약하면</u> 소금을 조금 더 넣으세요. ( )

   ① 시면
   ② 달면
   ③ 싱거우면
   ④ 간이 맞으면

2. 회사에 지원할 때 필요한 서류를 확인하고 이력서를 <u>써서</u> 제출하면 된다.

   ( )

   ① 만들어서
   ② 예약해서
   ③ 가입해서
   ④ 작성해서

3. 어제 산 옷이 마음에 들었지만 조금 작아서 큰 거로 <u>바꿨다</u>. ( )

   ① 비교했다
   ② 교환했다
   ③ 품절됐다
   ④ 만족했다

4. 가벼운 운동을 하고 나면 <u>기분 전환이 된다</u>. ( )

   ① 몸이 무거워진다
   ② 시야가 넓어진다
   ③ 기분이 나빠진다
   ④ 기분이 상쾌해진다

5. 내 스트레스의 가장 큰 <u>이유</u>는 불규칙한 생활 때문에 피로가 쌓인 것이다.

   ( )

   ① 결과
   ② 원인
   ③ 증상
   ④ 예의

6. 원하는 회사에 <u>들어가기</u> 위해서 열심히 노력하고 있다. ( )

   ① 취업하기
   ② 문의하기
   ③ 방문하기
   ④ 입학하기

[7~12] 빈칸에 들어갈 말로 가장 알맞은 것을 고르세요.

7. 볶음밥을 (   ) 채소를 먼저 준비해야 한다.   (   )

① 만들고
② 만들려면
③ 만들어서
④ 만들거나

8. 휴가 일정을 (   ) 비행기 표를 예약했다.   (   )

① 정하려고
② 정하지만
③ 정한다거나
④ 정하자마자

9. 물건이 다 팔린 걸 보니까 인기가 (   ).
(   )

① 많을 것이다
② 많은 모양이다
③ 많을 리가 없다
④ 많았으면 좋겠다

10. 체력을 키우기 위해서 다음 주부터 태권도를 (   ).   (   )

① 배우곤 했다
② 배울 줄 알다
③ 배울 예정이다
④ 배우지 않았다

11. 회사 면접이 있어서 어젯밤에 잠을 하나도 못 (   ) 긴장되었다.
(   )

① 산 내신에
② 잔 덕분에
③ 잘 정도로
④ 잘까 봐서

12. 이번 유학생 말하기 대회에서 좋은 성적을 (   ) 최선을 다하겠다.
(   )

① 얻도록
② 얻다가
③ 얻느라고
④ 얻었더니

 [13~18] 다음을 읽고 내용이 같은 것을 고르세요.

13.   (   )

새해 목표로 다이어트를 결심하는 사람들이 많다. 다이어트에 성공하려면 단백질이 많고 담백한 닭고기가 좋다. 닭고기는 튀기거나 볶는 대신 삶아서 먹는 것이 좋으며, 너무 짜게 먹으면 과식하기 쉽기 때문에 소금과 후추는 조금만 넣어야 한다.

주제로 배우는 대학 한국어 어휘

① 삶은 닭고기는 다이어트에 좋다.

② 닭고기는 튀겨서 먹는 것이 가장 좋다.

③ 다이어트를 할 때는 소금을 많이 먹는다.

④ 다이어트에는 기름진 음식을 먹는 것이 좋다.

14. ( )

충청남도 공주시에서 9월 6일부터 3일 동안 문화 축제가 열린다. 축제는 오후 6시부터 11시까지 진행된다. 100년 전 공주의 모습을 엿볼 수 있고 다양한 공연과 체험도 준비되어 있다. 이곳에서는 기념품을 살 수 있고 다양한 먹을거리도 즐길 수 있다.

① 축제는 9월 3일부터 시작한다.

② 축제는 아침부터 저녁까지 진행한다.

③ 축제에서 공주의 과거 모습을 볼 수 있다.

④ 축제에 음식은 없지만 기념품을 볼 수 있다.

15. ( )

밤 12시까지 주문하면 다음날 오전 7시 전에 배송을 받을 수 있는 새벽 배송 서비스가 인기를 끌고 있다. 품질이 좋을 뿐만 아니라 가격도 싸다. 그리고 미리 주소를 입력해 놓으면 편하게 주문할 수 있다. 만약 배송에 문제가 있다면 고객 센터로 연락하거나 문의 게시판에 글을 쓰면 된다.

① 전날 밤에 시킨 물건을 다음날 받는다.

② 품질은 좋지만 가격이 저렴하지 않다.

③ 주문할 때마다 주소를 입력해야 한다.

④ 배송 문의는 문의 게시판에만 해야 한다.

16. ( )

우리 회사에는 열심히 일한 직원들이 재충전할 수 있는 휴가 제도가 있다. 4년 동안 일한 직원에게 15일의 휴가를 준다. 직원들은 이 기간에 여행을 가거나 쉬면서 체력을 키운다. 이렇게 스트레스를 풀고 나면 회사 업무에 더욱 집중할 수 있다고 한다.

① 신입 사원도 15일 동안 이 휴가를 간다.

② 이 휴가로 몸과 마음을 재충전할 수 있다.

③ 직원들은 이 기간에 여행은 갈 수 없다.

④ 휴가가 끝난 후에 일에 집중하기 어렵다.

17. ( )

대학 생활에서 어려움이 있다면 학생 상담 센터에서 도움을 받을 수 있다. 우리 학교 학생이라면 누구나 무료로 학업, 진로, 친구 관계에 대해 상담을 받을 수 있다. 상담은 예약을 해야 하는데 유학생 상담의 경우 영어와 중국어로도 가능하다. 상담은 온라인 또는 방문 상담 중 편한 방법으로 선택하면 된다.

① 예약을 안 해도 상담을 할 수 있다.
② 유학생 상담은 한국어로만 가능하다.
③ 학생이라면 상담할 때 돈을 내야 한다.
④ 상담은 상담 센터에 지접 가지 않아도 된다.

18. ( )

내년이면 졸업하는데 요즘 취업 때문에 고민이 많다. 그래서 방학을 알차게 보내기 위한 계획을 세우려고 한다. 다양한 경험을 하기 위해서 이번 여름 방학에 회사에서 인턴으로 일하고 싶다. 또 취업에 도움이 되는 자격증도 따기로 마음을 먹었다.

① 자격증이 있으면 취업에 도움이 된다.
② 취업을 하기 위해서 이미 자격증을 땄다.
③ 올해 졸업 후에 회사에서 일하려고 한다.
④ 이번 학기부터 회사에서 인턴으로 일한다.

 [19~24] 빈칸에 들어갈 말로 가장 알맞은 것을 고르세요.

19. ( )

평소 기름지고 간이 센 음식을 좋아하는 사람이라면 매일 사과를 먹는 것이 좋다. 사과는 비타민 C가 풍부한 과일 중 하나이다. ( ) 사과 껍질에는 소화를 도와주고 비만을 예방하는 성분이 들어 있다. 건강을 위해서 껍질을 깎지 말고 그대로 먹는 것이 좋다.

① 일찍
② 별로
③ 가끔
④ 특히

20. ( )

이번 학기가 끝나고 ( ) 프랑스로 여행을 가려고 한다. 친구들하고 하는 여행도 좋지만 내가 가고 싶은 곳을 갈 수 있어서 더 좋기 때문이다. 그림에 관심이 많은 사람들이 프랑스에 많이 간다. 나도 이번에 유명한 그림을 보러 박물관에 가 보려고 한다.

① 혼자
② 아직
③ 아까
④ 같이

주제로 배우는 대학 한국어 어휘

21. (   )

지난주에 인터넷 쇼핑몰에서 할인 행사가 있어서 원하는 셔츠를 싸게 샀다. 옷을 입어 봤는데 조금 작아서 더 큰 것으로 바꾸고 싶었다. (   ) 큰 사이즈는 없어서 환불하고 말았다. 다음에는 옷을 입어 보고 사야겠다.

① 그리고
② 그러면
③ 그런데
④ 그러므로

22. (   )

회사원들에게 인기 있는 자기 계발 활동은 무엇이 있을까? (   ) 자기 계발을 위해 외국어를 학습하는 회사원이 많아지고 있다. 퇴근 후에 15분 정도 공부하면서 기분 전환을 한다. 외국어를 공부하면 시야도 넓힐 수 있다.

① 오래
② 아마
③ 일찍
④ 최근

23. (   )

한국으로 유학을 오기 전에는 가족과 함께 살았다. (   ) 한국 생활이 기대되었지만 긴장되기도 했다. 모르는 사람과 함께 사는 것이 처음이었기 때문이다. 룸메이트는 다른 나라 사람이었는데 정말 친절하고 따뜻한 사람이었다.

① 그러나
② 그래서
③ 그래도
④ 그렇지만

24. (   )

취업 정보를 얻고 싶으면 취업 박람회에서 취업 상담을 하는 것이 좋다. (   ) 적성 검사까지 무료로 할 수 있다. 미리 신청하는 사람은 면접 연습까지 할 수 있다. 선착순 500명에게는 기념품도 준다.

① 혹시
② 가끔
③ 무엇보다
④ 그러니까

부록 1   스스로 해 보기 모범답안

퀴즈 스스로 해 보기

1 보기와 같이 표현을 잘 설명한 것을 연결하세요.

보기 **수강 신청**   다른 과목으로 바꾸다
① 수강 변경   신청한 과목을 취소하다
② 수강 취소   듣고 싶은 과목을 선택하다
③ 오리엔테이션   휴학한 학생이 다시 돌아오다
④ 복학생   신입생에게 새로운 정보를 알려주다

2 보기와 같이 관계있는 단어를 골라 쓰세요.

입학	선배	졸업생	전공 과목	복학하다	동기

보기 **후배**   ↔   선배   ③ 같은 학번   동기
① 졸업   ↔   입학   ④ 교양 과목   전공 과목
② 재학생   ↔   졸업생   ⑤ 휴학하다   ↔   복학하다

3 보기와 같이 빈칸에 알맞은 단어를 골라 문장을 완성하세요.

신입생	개강하다	적응하다	졸업	학번

보기 **대학 졸업을 진심으로 축하한다.**

① 방학이 끝나고 학교가 개강하니까 캠퍼스는 학생들로 가득했다.
② 신입생은 수강 신청 방법을 몰라서 OT에 꼭 참석해야 한다.
③ 나는 대학 생활에 적응하려고 동아리에 가입했다.
④ 고등학교 선배와 나는 올해 같이 입학해서 학번이 같다.

02 자기소개

🎓 스스로 해 보기

① 보기와 같이 관련 있는 것을 연결하세요.

보기 **유머 감각이**   •   •   바르다

① 싫증을   •   •   있다

② 예의가   •   •   내다

③ 책임감이   •   •   가리다

④ 낮을   •   •   많다

② 보기와 같이 관계있는 단어를 골라 쓰세요.

(소극적이다)	게으르다	부정적이다	느긋하다	꼼꼼하다	내성적이다

보기 **적극적이다** ↔ 소극적이다   ③ 급하다 ↔ 느긋하다

① 긍정적이다 ↔ 부정적이다   ④ 부지런하다 ↔ 게으르다

② 외향적이다 ↔ 내성적이다   ⑤ 덜렁대다 ↔ 꼼꼼하다

③ 보기와 같이 빈칸에 알맞은 단어를 골라 문장을 완성하세요.

부지런하다	활동적이다	(적극적이다)	부정적이다	덜렁대다

보기 **적극적인 사람은 모르는 사람하고도 잘 이야기한다.**

① 부지런한 사람은 일을 뒤로 미루지 않는다.

② 덜렁대는 사람은 물건을 자주 잃어버린다.

③ 활동적인 사람은 호기심이 많고 적극적이다.

④ 부정적인 사람은 모든 일을 나쁜 쪽으로 생각하는 편이다.

 **자주 가는 장소**

🎓 **스스로 해 보기**

① 보기와 같이 관련 있는 것을 연결하세요.

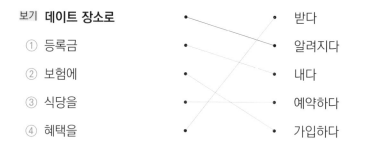

보기 **데이트 장소로** — 예약하다

① 등록금 — 내다

② 보험에 — 가입하다

③ 식당을 — 예약하다

④ 혜택을 — 받다

② 보기와 같이 관계있는 단어를 골라 쓰세요.

들어가다	바쁘다	빌리다	퇴원하다	찾아가다	불만족스럽다

보기 **여유롭다** ↔ 바쁘다 　　③ 동아리에 가입하다 — 들어가다

① 방문하다 — 찾아가다 　　④ 입원하다 ↔ 퇴원하다

② 만족스럽다 ↔ 불만족스럽다 　　⑤ 반납하다 ↔ 빌리다

③ 보기와 같이 빈칸에 알맞은 단어를 골라 문장을 완성하세요.

출퇴근	등록금	전공	자료실	대여하다

보기 **유명한 대학교에 가는 것보다 공부하고 싶은 전공을 선택하는 것이 중요하다고 생각한다.**

① 등록금을 내기 위해서 정신없이 아르바이트를 하고 있다.

② 도서관에서는 읽고 싶은 책을 자료실에서 직접 찾을 수 있다.

③ 학교 도서관은 학생증이 있어야 책을 대여할 수 있다.

④ 매일 출퇴근 시간에는 길이 많이 막혀서 대중교통을 이용하는 것이 좋다.

04 대학 축제 이번 주 목요일에 유명한 가수가 온대요

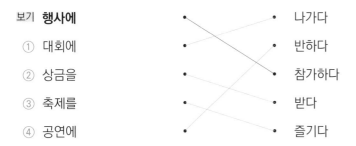 **스스로 해 보기**

① 보기와 같이 관련 있는 것을 연결하세요.

보기 **행사에** · · 나가다

① 대회에 · · 반하다

② 상금을 · · 참가하다

③ 축제를 · · 받다

④ 공연에 · · 즐기다

② 보기와 같이 관계있는 단어를 골라 쓰세요.

참석하다	인상적이다	돈이 아깝다	지루하다	그저 그렇다	공연을 보다

보기 **기억에 남다** 　인상적이다 ③ 실망스럽다 　돈이 아깝다

① 재미없다 　지루하다 ④ 볼 만하다 ↔ 그저 그렇다

② 참가하다 　참석하다 ⑤ 공연을 하다 ↔ 공연을 보다

③ 보기와 같이 빈칸에 알맞은 단어를 골라 문장을 완성하세요.

반하다	먹거리	상금	부스 운영	기간

보기 **이번 축제에서 우리 동아리가 부스 운영을 하기로 했어요.**

① 축제 마지막 날 초대 가수 공연에 반했다.

② 이번 축제에는 다양한 먹거리를 제공한다.

③ 제 친구가 유학생 가요제에서 상금을 받았다.

④ 이번 축제 기간은 5월 8일부터 10일까지이다.

스스로 해 보기

❶ **보기**와 같이 관련 있는 것을 연결하세요.

보기 **보고서를** • • 검색하다

① 자료를 • • 확인하다

② 형식을 • • 작성하다

③ 출석을 • • 잘 지키다

④ 과제를 • • 제출하다

❷ **보기**와 같이 관계있는 단어를 골라 쓰세요.

상대평가	과제	개인 과제	객관식	제출하다	찾다

보기	**보고서**		과제	③	단답식	↔	객관식
①	절대평가	↔	상대평가	④	내다		제출하다
②	조별 과제	↔	개인 과제	⑤	검색하다		찾다

❸ **보기**와 같이 빈칸에 알맞은 단어를 골라 문장을 완성하세요.

인정하다	학점	자료 출처	출석	조회하다

보기 **수업 시간을 잘 지키세요. 출석 점수에 반영돼요.**

① 수강 신청 전에 강의 계획서를 조회해야 한다.

② 지난 학기 전공 과목 학점이 안 좋아서 이번에 재수강한다.

③ 유고결석계를 내면 출석으로 인정해 준다.

④ 보고서를 작성할 때 자료 출처를 밝혀야 한다.

🎓 **스스로 해 보기**

① 보기와 같이 관련 있는 것을 연결하세요.

보기 **길이**   충전하다

① 시간이   걸리다

② 표가   매진되다

③ 교통 카드를   놓치다

④ 버스를   막히다

② 보기와 같이 관계있는 단어를 골라 쓰세요.

놓치다	(도착하다)	예매하다	갈아타다	절약하다	복잡하다

보기 **도착하다** ↔ 출발하다   ③ 환승하다   갈아타다

① 버스를 타다 ↔ 놓치다   ④ 비행기 표를 끊다   예매하다

② 간단하다 ↔ 복잡하다   ⑤ 아끼다   절약하다

③ 보기와 같이 빈칸에 알맞은 단어를 골라 문장을 완성하세요.

노선	터미널	정신없이	(내리다)	지루하다

보기 **지하철을 타고 가면서 휴대폰 게임을 하다가 못 내렸다.**

① 영화가 너무 지루해서 보다가 잤다.

② 이번 방학은 취업 준비 때문에 정신없이 보냈다.

③ 인천공항은 터미널이 두 곳이라서 잘 확인하고 가야 한다.

④ 휴대폰으로 지하철이나 버스 노선을 쉽게 볼 수 있다.

퀴즈 스스로 해 보기

① 보기와 같이 관련 있는 것을 연결하세요.

보기 **소금, 된장, 간장** • • 고소하다

① 레몬, 식초 • • 맵다

② 설탕, 초콜릿 • • 달다

③ 고추장, 고추 • • 짜다

④ 참기름, 깨 • • 시다

② 보기와 같이 관계있는 단어를 골라 쓰세요.

섞다	간이 세다	싱겁다	매콤하다	담백하다	자르다

보기 **썰다** 자르다 ③ 맵다 매콤하다

① 기름지다 ↔ 담백하다 ④ 간이 약하다 ↔ 간이 세다

② 비비다 섞다 ⑤ 짜다 ↔ 싱겁다

③ 보기와 같이 빈칸에 알맞은 단어를 골라 문장을 완성하세요.

다지다	끓이다	삶다	튀기다	깎다

보기 **치킨, 돈가스, 만두 등은 기름에 튀긴다.**

① 된장찌개는 두부, 버섯, 애호박 등을 넣고 끓인다.

② 볶음밥은 채소와 김치를 다져서 팬에 넣는다.

③ 먼저 끓는 물에 면을 삶고 채소와 고추장을 넣어 비벼 먹는다.

④ 사과는 껍질을 깎지 말고 그대로 먹는다.

🎓 **스스로 해 보기**

① 보기와 같이 관련 있는 것을 연결하세요.

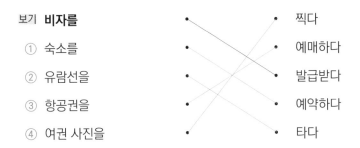

보기　**비자를**　　　　　　　　　　　　•　찍다

① 숙소를　　　•　　　　　•　예매하다

② 유람선을　　•　　　　　•　발급받다

③ 항공권을　　•　　　　　•　예약하다

④ 여권 사진을　•　　　　　•　타다

② 보기와 같이 관계있는 단어를 골라 쓰세요.

풀다	해외여행	들다	작성하다	항공권	부치다

보기	**국내 여행**	↔	해외여행	③	짐을 싸다	↔	풀다
①	비행기 표		항공권	④	신청서를 쓰다		작성하다
②	짐을 보내다		부치다	⑤	보험을 가입하다		들다

③ 보기와 같이 빈칸에 알맞은 단어를 골라 문장을 완성하세요.

대사관	나오다	배낭여행	기념품	편리하다

보기　**배낭여행은 짐이 적어서 자유롭게 다닐 수 있다는 장점이 있다.**

① 유학을 위해 비자를 신청하러 대사관에 다녀왔다.

② 명동은 교통이 편리하고 쇼핑할 곳이 많아서 인기가 많다.

③ 밝은 색깔의 옷을 입으면 사진이 잘 나와서 좋다.

④ 여행 마지막 날에 기념품 가게에 가서 친구들에게 줄 선물을 사 왔다.

09 쇼핑

🎓 **스스로 해 보기**

① 보기와 같이 관련 있는 것을 연결하세요.

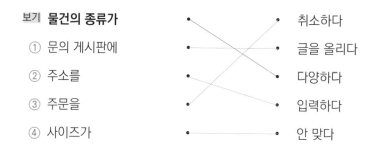

보기 **물건의 종류가** • • 취소하다

① 문의 게시판에 • • 글을 올리다

② 주소를 • • 다양하다

③ 주문을 • • 입력하다

④ 사이즈가 • • 안 맞다

② 보기와 같이 관계있는 단어를 골라 쓰세요.

교환하다	값	저렴하다	구매하다	품절되다	검색하다

보기 **가격**	값	③ 사다	구매하다
① 싸다	저렴하다	④ 바꾸다	교환하다
② 찾다	검색하다	⑤ 다 팔리다	품절되다

③ 보기와 같이 빈칸에 알맞은 단어를 골라 문장을 완성하세요.

도착 예정일	할인	반품하다	교환하다	비교하다

보기 색은 마음에 들지만 사이즈가 너무 커서 작은 걸로 **교환했다**.

① 이미 도착 예정일이 한참 지났지만 제품을 받지 못했다.

② 주문한 물건이 사진과 너무 달라서 교환하려고 한다.

③ 가격과 품질을 비교했더니 이걸 살 수밖에 없었다.

④ 새로 생긴 대형 마트에서 요즘 할인 행사를 하는 중이다.

🎓 스스로 해 보기

① 보기와 같이 관련 있는 것을 연결하세요.

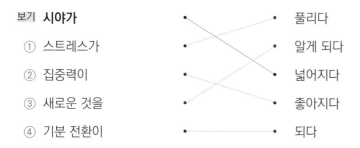

보기 **시야가** ——————————————————————— 풀리다

① 스트레스가 　　　　　　　　　　　　　알게 되다

② 집중력이 　　　　　　　　　　　　　　넓어지다

③ 새로운 것을 　　　　　　　　　　　　좋아지다

④ 기분 전환이 　　　　　　　　　　　　되다

② 보기와 같이 관계있는 단어를 골라 쓰세요.

쌓이다	감상하다	나빠지다	가벼워지다	좁아지다	학습하다

보기 **풀리다** ↔ 쌓이다 　　　③ 느끼다 　　　　　　　감상하다

① 좋아지다 ↔ 나빠지다 　　　④ 넓어지다 ↔ 좁아지다

② 공부하다 　 학습하다 　　　⑤ 무거워지다 ↔ 가벼워지다

③ 보기와 같이 빈칸에 알맞은 단어를 골라 문장을 완성하세요.

공연 관람	연주하다	여가 활동	자기 계발	체력

보기 **여가 활동을 하니까 기분 전환도 되고 집중력도 좋아지는 것 같다.**

① 공연 관람을 하기 전에 휴대 전화를 꼭 꺼 둬야 한다.

② 음악 동아리 친구들과 연말에 기타를 연주하기로 했다.

③ 자기 계발을 위해서 외국어를 배우려고 한다.

④ 꾸준한 운동으로 체력이 좋아졌다.

🎓 **스스로 해 보기**

① 보기와 같이 관련 있는 것을 연결하세요.

보기 **스트레스가** • • 가지다

① 자신감을 • • 받다

② 규칙적으로 • • 풀리다

③ 스트레스를 • • 생활하다

④ 문화 차이를 • • 느끼다

② 보기와 같이 관계있는 단어를 골라 쓰세요.

다투다	규칙적	충분하다	원인	불안하다	과제

보기 **불규칙적** ↔ 규칙적　　③ 부족하다 ↔ 충분하다

① 싸우다　　　　　 다투다　　④ 이유　　　　　 원인

② 마음이 편하다 ↔ 불안하다　　⑤ 숙제　　　　　 과제

③ 보기와 같이 빈칸에 알맞은 단어를 골라 문장을 완성하세요.

상담하다	긴장되다	무섭다	기대되다	그립다

보기 **친구들과의 여행이 너무 기대되어서 어젯밤에 잠이 안 왔다.**

① 고향 음식이 그리워서 직접 만들어 봤는데 그 맛이 아니었다.

② 무서운 영화를 보고 혼자서 집에 오는데 영화 내용이 생각났다.

③ 토픽 시험을 볼 때 너무 긴장되어서 손에서 땀이 났다.

④ 선생님과 진로에 대해 상담하면서 내가 하고 싶은 일에 대해 고민하게 되었다.

진로와 계획

진로를 선택할 때는 적성이 중요해요

🎓 **스스로 해 보기**

① 보기와 같이 관련 있는 것을 연결하세요.

보기	**경영학을**		참가하다
①	자신감을		따다
②	공무원 시험을		준비하다
③	취업 박람회에		전공하다
④	자격증을		가지다

② 보기와 같이 관계있는 단어를 골라 쓰세요.

결심하다	포기하다	취업하다	창업하다	떨어지다	졸업

보기	**입학**	↔	졸업	③ 회사에 들어가다	취업하다
①	그만두다		포기하다	④ 사업을 시작하다	창업하다
②	합격하다	↔	떨어지다	⑤ 마음을 먹다	결심하다

③ 보기와 같이 빈칸에 알맞은 단어를 골라 문장을 완성하세요.

진학하다	유학	진로	스터디	능력

보기 **앞으로 매주 토요일 오전에 취업 스터디를 하기로 했다.**

① 나는 고등학교를 졸업한 후에 대학교에 진학하지 않고 은행에 취업했다.

② 그분은 항상 맡은 일에 최선을 다했는데 결국 능력을 인정받았다.

③ 유학 준비를 위해 먼저 가고 싶은 나라와 도시를 정해야 한다.

④ 우리 학교에서는 진로에 고민이 많은 학생들을 위해 상담을 지원한다.

■ 종합문제 1 정답(1과~6과)

1. ③	9. ②	17. ④
2. ①	10. ④	18. ③
3. ④	11. ②	19. ④
4. ②	12. ②	20. ②
5. ③	13. ③	21. ③
6. ①	14. ②	22. ①
7. ①	15. ④	23. ①
8. ③	16. ①	24. ④

■ 종합문제 2 정답(7과~12과)

1. ③	9. ②	17. ④
2. ④	10. ③	18. ①
3. ②	11. ③	19. ④
4. ④	12. ①	20. ①
5. ②	13. ①	21. ③
6. ①	14. ③	22. ④
7. ②	15. ①	23. ②
8. ④	16. ②	24. ③

부록 3 어휘 색인

한국어	영어	중국어	베트남어	일본어
가격	price	价格	giá cả, giá thành	価格、値段
가까이	close to	近处, 附近	gần	近く
가능하다	to be possible	可以	có thể, khả năng	可能だ
가득하다	packed with	挤满, 充满	đầy	いっぱいだ
가르치다	teach	教, 传授	dạy	教える
가리다 (*낯을)	to be shy	认生, 怕生		覆う、隠す、選り好みする
가벼워지다	lighten	变轻松	nhẹ dần	軽くなる
가볍다 (*가벼운 운동)	to be light	轻松的, 简单的 (*轻松的运动)	nhẹ, nhẹ nhàng (* vận động nhẹ nhàng)	軽い
가수	singer	歌手	ca sĩ	歌手
가야금	Gayageum Zither	伽倻琴	đàn gayageum	カヤグム、伽耶琴 (伝統弦楽器)
가요제	song festival	歌唱比赛	cuộc thi âm nhạc	歌謡祭
가입하다	join	注册, 加入	đăng kí (thành viên)	加入、入会する
가장	most	最	nhất	最も
간	taste	咸淡	(nêm) mắm muối	味、味付け
간식	snack	零食	snack	間食、おやつ
간장	soy sauce	酱油	nước tương	醤油
갈아타다	transfer	换乘	chuyển tuyến (tàu, xe buýt)	乗り換える
감	persimmon	柿子	quả hồng	柿
감각	sense	(对事物的)感觉	khiếu hài hước (유머 감각)	感覚
감동적이다	to be touching	感人的, 动人的	cảm động	感動的だ
감상문	review	感想(观后感等)	bài phát biểu cảm nghĩ	感想文、鑑賞文
감자	potato	土豆	khoai tây	じゃがいも
감점	point deduction	扣分, 减分	điểm trừ (감점을 받다 : trừ điểm)	減点
감정	emotion	情感, 情绪	tình cảm, cảm xúc	感情
강의	lecture	课, 讲课	tiết học, việc giảng dạy	講義

강의실	lecture room	教室	phòng học	講義室
강하다	strong	强, 强大	mạnh, mạnh mẽ	強い
같다	same	相同	giống	同じだ
개강하다	start the semester	开学, 开课	khai giảng	開講、始業する、新学期が始まる
개봉작	new release	首映电影	phim công chiếu tại rạp	(映画の)新公開作品
개인	individual	个人	cá nhân	個人
객관식	multiple choice	客观型	hình thức trắc nghiệm	選択式
거리	street	距离	khoảng cách	距離
건강	health	健康	sức khỏe	健康
건강 보험	health insurance	健康保险	bảo hiểm y tế	健康保険
걸리다	take	需要、消耗(时间)	mất, tốn thời gian	かかる
검색하다	search	查找, 搜索	tìm kiếm	検索する
게시판	bulletin board	公告栏	bảng thông báo	掲示板
게으르다	lazy	懒惰, 懈怠	lười nhác	怠ける
게을리하다	neglect	对待……懈怠	làm biếng (làm việc gì đó)	怠る
겪다	go through	经历, 经受	trải qua, gặp phải	経験する
결석하다	absent	缺勤, 缺席	vắng mặt	欠席する
결심하다	make up one's mind	(下)决心	quyết tâm	決心する
결제하다	pay	付款, 结算	thanh toán	決済する、会計する
결혼식	wedding ceremony	结婚典礼	đám cưới, lễ cưới	結婚式
경기	game	竞技, 比赛	trận đấu	競技、試合
경복궁	Gyeongbokgung Palace	景福宫	Cung Cảnh Phúc (Gyeongbokgung)	景福宮、キョンボックン (宮殿)
경영학	business administration	经营学	chuyên ngành quản trị kinh doanh	経営学
경치	scenery	风景, 景色	cảnh vật, phong cảnh	景色
경험	experience	经历, 体验	kinh nghiệm	経験
계속	keep ~ing	继续, 持续	tiếp tục	継続して、ずっと
계약하다	make a contract	签合同, 签约	ký hợp đồng	契約する

주제로 배우는 대학 한국어 어휘

계획서	plan	计划书	bản kế hoạch	計画書
고객 센터	customer service	顾客中心	trung tâm dịch vụ khách hàng	顧客センタ‿、カスタマ‿センタ‿
고구마	sweet potato	地瓜, 红薯	khoai lang	さつまいも
고기	meat	肉	thịt	肉
고등학교	high school	高中	trường cấp 3 (trung học phổ thông)	高等学校、高校
고민	worry	苦恼, 烦恼	nỗi trăn trở, lo âu	悩み
고소하다	sue	(味道)香	thơm ngon, bùi bùi	香ばしい
고속버스	express bus	高速大巴	xe buýt cao tốc,	高速バス
고시원	accommodations for students studying for exams	考试院(韩国空间较小的独居房间)	gosiwon (hình thức nhà trọ siêu nhỏ ở Hàn Quốc)	考试院、コシウォン(ワンル‿ムの滞在施設)
고추	chili pepper	辣椒	quả ớt	唐辛子
고추장	red pepper paste	辣椒酱	tương ớt	コチュジャン (唐辛子ベ‿スの発酵調味料)
고향	hometown	故乡	quê hương	故郷、出身地、ふるさと
공간	space	空间, 场所	không gian	空間、スペ‿ス
공과 대학	College of Enginnering	工科院系	Đại học khoa học kỹ thuật	工科大学
공무원	civil servant	公务员	công viên chức nhà nước	公務員
공연하다	perform	公演, 表演	biểu diễn	公演する
공지 사항	announcement	公告事项	nội dung thông báo	公知事項、お知らせ
공지문	notice	公告(示)文	thông báo(danh từ)	公知文、お知らせ文
공지하다	announce	公告, 公示	thông báo (nội dung gì đó)	公知する、お知らせする
과대표	student representative of the department	课代表	đại diện sinh viên của khoa	学部代表、学科代表
과목	subject	科目, 课程	môn học	科目
과식하다	binge on	暴食, 吃得过多	ách bụng, tức bụng	過食する、食べ過ぎる

과일	fruit	水果	hoa quả, trái cây	果物
과제	task	作业	bài tập	課題
관광	tourism	观光, 游览	(chuyến) tham quan, du lịch	観光
관광객	tourist	游客	khách tham quan, khách du lịch	観光客
관광지	tourist attraction	观光地	địa điểm du lịch, địa điểm tham quan	観光地
관람	viewing	观看, 观赏	sự xem, thưởng thức (buổi biểu diễn, chương trình…)	観覧
관리하다	manage	管理	quản lý	管理する
관심	interest	关心, 关注	sự quan tâm	関心
광고	advertisement	广告	quảng cáo	広告
교수님	professor	教授	giáo sư	教授
교양 과목	Liberal Arts	公共课	môn học đại cương	教養科目
교재	textbook	教材	giáo trình	教材
교통	transportation	交通	giao thông	交通
교환하다	exchange	换货, 更换	đổi (hàng)	交換する
구경하다	look around	参观, 观赏	ngắm (cảnh)	見物する、見る
구입하다	purchase	购买	mua	購入する
국내 여행	domestic travel	国内旅行	du lịch nội địa, du lịch trong nước	国内旅行
굽다	roast, toast, bake	烤	nướng	焼く
궁금하다	to be curious	疑惑, 好奇	tò mò	気になる (知りたい)
규칙	rule	规则, 规定	quy tắc, nội quy	規則
규칙적	to be regular	规律的, 规则的	tính kỷ luật, tính nguyên tắc	規則的
귤	tangerine	橘子	quả quýt	みかん
그다음에	and then	之后, 接下来	tiếp theo, sau đó	その次に、それから
그대로	as it is	照原样, 原原本本	cứ để vậy	そのまま
그런데	by the way	但是, 可是	nhưng mà	ところで、でも、しかし、だけど
그릇	bowl	器皿, 碗碟	dĩa	器、皿

주제로 배우는 대학 한국어 어휘

그리다	draw, paint, sketch	画, 绘制	vẽ (tranh)	描く
그림	picture, drawing, painting	画, 图画	bức tranh	絵
그립다	miss, long for	思念, 想念	mong nhớ, nhớ nhung	恋しい、懐かしい
그저 그렇다	so so	一般般, 就那样	bình thường, tàm tạm	まあまあだ
근무하다	work, be on duty	工作, 上班	làm việc	勤務する、働く、務める
금메달	gold medal	金牌	huy chương vàng	金メダル
급하다	to be impatient	急躁的, 着急的	nóng tính	せっかちだ
긍정적이다	to be positive	积极的, 正面的	năng động, tích cực	肯定的だ、前向きだ、ポジティブだ
기념품	souvenir	纪念品	đồ lưu niệm	記念品
기대하다	look forward to	期待	chờ đợi, mong chờ	期待する、楽しみだ、心待ちにする
기름	oil	油, 油脂	dầu ăn	油
기름지다	greasy	油腻的	béo, có nhiều dầu mỡ	脂っこい
기말시험	final exam	期末考试	thi cuối kỳ	期末試験
기분	feelings, mood	心情	tâm trạng	気分
기숙사	dormitory	宿舍	ký túc xá	寄宿舎、寮
기억	memory	记忆	trí nhớ, tâm trí (기억에 남다: lưu lại trong tâm trí)	記憶
기준	criteria	标准, 基准	tiêu chuẩn	基準
기차	train	火车	tàu lửa	汽車、電車
기타(악기)	guitar	吉他	đàn ghi ta	ギター (楽器)
기한	deadline	期限	thời hạn	期限
긴장되다	to be nervous	紧张	căng thẳng	緊張する
길	road	道路	đường, con đường	道
길다	long	长, 冗长	dài	長い
김밥	kimbap	紫菜包饭	kimbap	キンパ (海苔ご飯→海苔巻き)
김치	kimchi	辛奇	kimchi	キムチ

김치찌개	kimchijjigae	辛奇汤	canh kimchi	キムチチゲ
깎다	cut	削(皮)	gọt, cạo	剥く
깨	sesame	芝麻	hạt vừng, mè	ごま
껍질	peel	皮, 壳	vỏ	皮
꼭	surely	用力, 使劲儿	nhất định, phải	必ず
꼼꼼하다	to be meticulous	仔细, 细心	một cách kỹ lưỡng, kỹ càng	几帳面だ
꾸준하다	to be steady	坚持不懈的	đều đặn	絶え間ない、粘り強い、根気強い、着実な
끄다	turn off	关闭, 关	tắt	消す、切る
끈기	tenacity	韧劲, 韧性	sự bền bỉ	根性、根気、粘り気
끊다	disconnect	购买, 买(票)	đặt, mua (vé)	(チケットなどを)購入する、発券する
끓이다	boil, heat	煮, 煮沸	nấu, đun sôi	沸かす、煮る、煮込む
끝까지	to the end	直到最后	đến cùng	最後まで
끝나다	end, finish	完结, 结束	kết thúc	終わる
나가다	go in for	参加(比赛等)	tham gia cuộc thi	出る
나누다	share	分发	chia sẻ, phát	分ける
나이	age	年龄	tuổi	年、歳
낙관적이다	to be optimistic	乐观的	tính lạc quan	楽観的だ
낚시	fishing	钓鱼	câu cá	釣り
날	day	天, 日	ngày	日
남다(*기억에)	remain	留下	còn lại	残る、余る
낯	face	脸, 面部	ngại người lạ(낯을 가리다)	昼
내다	express one's feelings	发(火), 生出(情感)	nhanh chán, cả thèm chóng chán (싫증을 내다)	出す
내리다	get off	下(车)	xuống	降りる
내성적이다	to be introvert	内向的, 内敛的	nhút nhát, nội tâm	内向的だ、内気だ
내용(*행사/평가/영화)	content	内容	nội dung	内容
냄비	pot	(有盖和柄的)煮锅	cái chảo	鍋
냉면	naengmyeon	冷面	mỳ lạnh	冷麺
너무	too	太, 过于	rất, quá	あまりに、とても

넓다	to be wide	广的, 宽广的	rộng, rộng rãi	広い
넓어지다(*시야가)	broaden one's horizons	变得广阔	trở nên rộng (시야가 넓어지다: mở rộng tầm mắt)	広がる
넣다	put something in	放进, 放入	để, đặt cái gì vào	入れる
노래	song	歌曲	bài hát	歌
노선(*지하철)	line	路线	tuyến (tuyến xe buýt, tàu điện ngầm)	路線
놀이공원	amusement park	游乐园	công viên giải trí	遊園地
농구	basketball	篮球	bóng rổ	バスケットボール
높다	to be high	高	cao	高い
놓치다	miss	错过	nhỡ, lỡ (chuyến tàu, chuyến xe)	逃す
누구	who	谁	ai (từ để hỏi)	誰
눈	eye	眼睛	mắt, đôi mắt	目
느긋하다	to be carefree	从容的	chậm rãi, thong thả	のんびり/ゆったり/まったりしている
느끼다	feel	感觉到	cảm giác, cảm thấy	感じる
능력	ability	能力	năng lực, khả năng	能力
늦다	be late	晚, 迟到	trễ	遅れる
다녀오다	go and come back	去一趟	đi rồi về	行ってくる
다르다	to be different	不同的	khác	違う
다양하다	to be various	多种多样的	đa dạng	多様だ、様々だ
다이어트	diet	减肥	ăn kiêng giảm cân	ダイエット
다정하다	to be kind-hearted	多情的, 情谊深厚的	giàu tình cảm	情深い、思いやりがある、優しい
다지다(*마늘을)	finely chop	捣碎, 剁碎	băm nhỏ	細かく刻む、みじん切りにする
다투다	argue	争吵, 吵架	cãi nhau	もめる
단답식	short answer	简答式	kiểu trả lời ngắn gọn	短答式 (一問一答式に近い)
단백질	protein	蛋白质	chất đạm	タンパク質
단어	word	单词	từ vựng	単語
단점	weakness	缺点	nhược điểm	短所
달다	to be sweet	甜	ngọt	(味が)甘い

달콤하다	to be sweet	香甜	dịu ngọt	甘い (肯定的)
닭고기	chicken(meat)	鸡肉	thịt gà	鶏肉
담그다	make	腌制, 酿造	ngâm, ủ (tương)	漬ける、浸す、漬け込む
담다	put something in	盛, 装	chứa, đựng	盛る、入れる
담백하다	to be light	清淡	đạm bạc	淡泊だ
답답하다(*마음이)	to be stuffy	烦闷	bực bội, ức chế	もどかしい、じれったい
당근	carrot	胡萝卜	củ cà rốt	ニンジン
당일 여행	day trip	一日游	du lịch trong ngày	当日旅行、日帰り旅行
대강당	auditorium	大礼堂, 大教室	hội trường lớn	大講堂
대리	deputy section chief	代理(韩国公司职级)	trợ lý (chức vụ)	代理
대상	target	对象	đối tượng	対象
대여하다	rent	借	cho mượn, cho vay	貸与する、貸し出す
대인 관계	personal relationship	人际关系	đối nhân xử thế	対人関係
대중교통	public transportation	公共交通	giao thông công cộng	大衆交通、公共交通機関
대표하다	represent	代表	đại diện	代表する
대학 생활	college life	大学生活	cuộc sống đại học	大学生活
대학교	university	大学	Trường Đại học	大学校、大学
대학원	graduate school	研究生院	Viện Đào tạo Sau đại học	大学院
대형 마트	large supermarket	大型超市	siêu thị lớn	大型マート
대회	contest	大赛; 大会	cuộc thi	大会
댄스	dance	舞蹈	nhảy	ダンス
더	more	再, 多	hơn	もっと、より、さらに
더럽다	to be dirty	脏的	bẩn thỉu, dơ dáy	汚い
덜렁대다	to be clumsy	冒失, 轻率	hấp tấp	そそっかしい、おっちょこちょい
데이트	date	约会	hẹn hò	デート
도서관	library	图书馆	thư viện	図書館
도심	downtown	城市中心	nội thành	都心

도와주다	give somebody a hand	提供帮助	giúp đỡ	手伝う
도움	help, assistance	帮助	sự giúp đỡ	助け
도전	challenge	挑战	thử thách	挑戦
도착하다	arrive	到达	đến nơi	挑戦する
돈	money	钱	tiền	金
돌아가다	go back	回去	quay về	帰っていく、帰る
돌아오다	return, come back	回来	quay trở lại	帰ってくる、戻ってくる
동기	motive	同事	bạn cùng khóa	動機、同期
동기(대학)	alumnus	同届同学(大学)	bạn đại học cùng khóa	同期（大学）
동물 병원	veterinary clinic	宠物医院	bệnh viện thú y	動物病院
동생	younger brother(sister)	弟弟, 妹妹	em	弟、妹、年下の男女
동아리	club	社团	câu lạc bộ	サークル、部活、同好会
동아리방	club room	社团活动室	phòng sinh hoạt câu lạc bộ	サークル室、部室
동일하다	to be same	相同的	giống nhau, đồng nhất	同一だ、同じだ
돼지고기	pork	猪肉	thịt lợn, thịt heo	豚肉
되다	become	达到某种状态	dùng trong cách diễn đạt hỏi tên, tuổi dạng kính ngữ (나이가 어떻게 되세요?: Bạn bao nhiêu tuổi?, 이름이 어떻게 되세요? Bạn tên gì?	なる、できる、される
된장	soybean paste	大酱	nước tương đậu nành	テンジャン、味噌
두다(*휴내폰을 꺼)	keep	动作结束后继续保持	để lại, bỏ lại	置く
두부	tofu	豆腐	đậu phụ, đậu khuôn	豆腐
뒤	behind	后面	phía sau	後ろ、後
뒤풀이	after-party	活动后的聚餐	tiệc mừng kết thúc	打ち上げ、お疲れ様会

드라이어	dryer	吹风机	máy sấy	ドライヤ_
드시다	eat, drink (honorific)	吃(敬语)	ăn, uống (kính ngữ)	召し上がる
들다(*생각이)	come to one's mind	萌生(萌生想法)	suy nghĩ (생각이 들다)	する (思いがする、思う、気がする)
들어가다	enter	加入, 进入	vào lớp, đi học (수업에 들어가다)	入る
등(etc.)	and so on	等等	vân vân	等、など
등록금	tuition fee	学费	học phí	登録金、学費、授業料
등산	mountain climbing	登山	sự leo núi	登山
따다(*자격증을)	get (*get certified)	取得(取得资格证)	lấy, đạt (chứng chi)	取る (資格を取る)
따르다	follow	跟着, 跟随	theo	従う、追う、付いていく
딸기	strawberry	草莓	dâu tây	いちご
땀이 나다	sweat, perspire	出汗	đổ mồ hôi	汗が出る
떠나다(*휴가를)	get away	去(做某事)	rời đi	発つ、離れる、出発する
떼다	take something off	转移、挪开(视线)	rời (눈을 떼다: rời mắt)	剥がす、離す
라면	ramen	拉面	mỳ tôm	ラーメン
레몬	lemon	柠檬	quả chanh	レモン
룸메이트	roommate	室友	bạn cùng phòng	ルームメイト
리더십	leadership	领导能力	khả năng lãnh đạo	リーダーシップ
마늘	garlic	蒜	tỏi	にんにく
마라톤	marathon	马拉松	marathon	マラソン
나쁘다	to be bad	坏的, 糟糕的	xấu	悪い
마음	mind	心	tâm trạng, tinh thần	心、気持ち、思い
마지막	to be last	最后	cuối cùng	最後、終わり
막히다	be blocked	堵, 拥堵	tắc, nghẽn	詰まる、塞がる
만나다	meet	见面	gặp gỡ	会う
만두	dumpling	饺子	màn thầu	餃子、饅頭
만들다	make	做, 制作	làm ra, tạo ra	作る
만족스럽다	to be satisfactory	满意, 满足	thỏa mãn	満足だ、満足に感じる

말씀	words (honorific)	话(敬语)	lời nói(dạng kính ngữ)	お言葉、お話
맛	taste	味道	mùi vị	味
맛있다	to be delicious	美味, 好吃	ngon	おいしい
맛집	famous restaurant, must-go	美食店	quán ăn ngon	おいしい店、優れている店
맞다(*간이)	well-seasoned	迎接, 迎来	chào mừng (새 학기를 맞다: chào mừng năm học mới)	合う、正しい、迎える
맞추다(*간을)	season to suit one's taste	调节, 调整	nêm nếm gia vị (간을 맞추다)	合わせる
매니저	manager	经理	người quản lý	マネージャー
매일	every day	每天	mỗi ngày	毎日
매주	every week	每周	mỗi tuần	毎週
매진되다	be sold out	售罄	được bán hết (vé)	売り切れる
매콤하다	a little spicy	微辣	hơi cay cay	ピリ辛い
맵다	to be spicy	辣	cay	辛い
먹거리	food	吃的	đồ ăn, thức uống (nói chung)	食べ物、グルメ、食材 (먹을거리の略語)
먹을거리	something to eat	可吃的东西	thực phẩm, thức ăn	食べ物、グルメ、食材
먼저	first	首先	trước hết, trước tiên	まず、最初に、先に
메모	memo	记录, 备忘录	ghi chú	メモ
면	noodle	面条	sợi mì	麺
명(열 명)	number of people (ten people)	名(十名)	người (đơn vị đếm- 10 người)	名、人 (10名/人)
모두	all, altogether	都, 全部	tất cả	すべて、全部、全員、皆
모르다	do not know	不知道	không biết, không rõ	知らない
모습(*과거의)	state	样子, 模样	hình ảnh, hình dáng	姿
모임(*사교)	gathering	聚会	cuộc gặp mặt, cuộc gặp gỡ	集まり、集会、会合
모집하다	recruit	选拔, 募集	tuyển, chiêu mộ	募集する

목표	goal	目标	mục tiêu	目標
몸	body	身体	thân thể, cơ thể	体
무(채소)	radish	白萝卜	củ cải trắng	大根 (野菜)
무뚝뚝하다	to be curt, to be blunt	(性格)冷漠, 冷淡	cộc cằn	無愛想/不愛想だ、ぶっきらぼうだ
무료	for free	免费	miễn phí	無料
무섭다	to be scary	害怕, 恐惧	sợ hãi	怖い
문의하다	inquire	咨询, 询问	hỏi	問い合わせる、尋ねる
문화	culture	文化	văn hóa	文化
문화 차이	cultural difference	文化差异	sự khác biệt về văn hóa	文化の差、文化の違い
문화재	cultural heritage	文物, 文化遗产	di sản văn hóa	文化財
묻다 (*더러운 것/00이 묻다)	be stained with	沾上(*沾上脏东西等)	bết, dính	つく (汚いものがつく＝汚れる)
물건	thing	物品	đồ vật	品物、もの
물어보다	ask	问	hỏi	聞いてみる、尋ねてみる
뭔가	something	什么	việc gì	何か
뮤지컬	musical	音乐剧	nhạc kịch	ミュージカル
미루다	postpone	推迟, 拖延	dời lại, hoãn lại	先送る、後回しにする、延ばす
미술	fine arts	美术	mỹ thuật	美術
미역국	seaweed soup	海带汤	canh rong biển	わかめスープ
믿다	believe	相信, 信任	tin tưởng	信じる
ㅂ 바꾸다	change	更改	đổi	変える、替える、代える
바나나	banana	香蕉	quả chuối	バナナ
바로	right away	立即, 马上	ngay lập tức	すぐに、すぐ、まさに、まさしく
바르다	upright	端正, 周全	đúng đắn, nghiêm túc (예의가 바르다: lịch sự, lễ phép)	正しい
박람회(*취업)	fair	博览会	cuộc trưng bày, cuộc triển lãm	博覧会、展示会、展覧会
박물관	museum	博物馆	bảo tàng	博物館

박수	applause	鼓掌	vỗ tay	拍手
반(class)	class	班级	lớp học	クラス、班、学級
반납하다	return something to someone	还, 归还	nộp lại, trả lại	返却する、返す
반대	the opposite	反, 相反	ngược lại	反対
반품하다	take back	退货	trả lại hàng	返品する
반하다	fall for	着迷	say đắm, mê mẩn	惚れる、魅了される、とりこになる
받다	receive	得到, 收到	nhận	受ける、もらう、受け取る
발급받다	be issued	办理	được cấp	発給を受ける、発行される
발표	presentation	发表	phát biểu	発表
밝히다(*출처를)	identify	阐明, 注明	làm sáng tỏ	明らかにする
밤을 새우다	stay[sit] up all night	熬夜	thức cả đêm	夜を明かす、徹夜する
방문하다	visit	访问, 到访	đến thăm	訪問する、訪れる、尋ねる、伺う
방법(*신청)	way	方法	phương pháp, cách thức	方法、やり方
방송	broadcasting	广播, 放送	truyền hình	放送
배낭여행	backpacking	背包旅行	du lịch bụi	バックパック(リュックサック)旅行(バックパッカ＿)
배송	delivery	配送	vận chuyển	配送
배송비	delivery charge[fee]	配送费	phí vận chuyển	配送費、送料
배우다	learn	学习	học tập, học hành	学ぶ、習う
배추	Chinese cabbage	白菜	cải thảo	白菜
배터리	battery	电池	pin	バッテリ＿、充電
백화점	department store	百货店	trung tâm thương mại	百貨店、デパート
버리다	throw away	表动作彻底完成	dùng trong diễn đạt thể hiện tính hoàn thành của một hành động (V+어/아 버리다)	捨てる

버섯	mushroom	蘑菇	nấm	きのこ
버스	bus	公交车	xe buýt	バス
벌써	already	已经	đã (làm gì đó) rồi	すでに、もう、とっくに
범위	range	范围	phạm vi	範囲
베트남어	Vietnamese language	越南语	tiếng Việt	ベトナム語
변경하다	change	更改, 换	thay đổi	変更する、変える
보고서	report	报告书	bản báo cáo	報告書、レポート
보내다	spend	度过(时间)	trải qua (thời gian)	送る
보통	usually	一般, 通常	thường, thông thường	普通、通常
보험	insurance	保险	bảo hiểm	保険
복잡하다	to be complicated	复杂的	phức tạp	複雑だ、ややこしい
복지	welfare	福利	phúc lợi	福祉
복학하다	go back to school	复学	quay lại học	復学する
볶다	fry	炒	xào, chiên	炒める、炒る
볶음밥	fried rice	炒饭	cơm chiên, cơm rang	炒飯、焼き飯
볼거리	attraction	可观看的事物, 看点	cái để xem	見どころ
봄꽃	spring flower	春花	hoa xuân	春の花 (春にさく花)
봉사	service	志愿服务	từ thiện	奉仕、ボランティア
부르다	sing	唱(歌)	hát (노래를 부르다)	歌う、呼ぶ
부분	part	部分	phần	部分
부스	booth	展位, 货摊	quầy, gian hàng	ブース
부정적이다	to be negative	负面的, 消极的	tiêu cực	否定的だ、ネガティブだ
부지런하다	to be diligent	勤奋的	chăm chỉ	勤勉だ、まじめだ
부치다(*짐을)	check in	邮寄, 托运	gửi (hành lý)	(手紙や物を郵便などで)送る
분야	field	领域	lĩnh vực	分野
분위기	atmosphere	氛围	bầu không khí	雰囲気
불가	no something	不可以, 禁止	không thể	不可
불가능하다	to be impossible	不可以, 不能	không thể, không có khả năng	不可能だ

불리다	be called	被叫做	được gọi	呼ばれる、言われる
불안하다	to be anxious	不安	bất an	不安だ
불편함	inconvenience	不舒服	sự bất tiện	不便さ、不快さ、心地悪さ
붐비다	be crowded	拥挤, 喧闹	tấp nập, đông nghịt	混み合う、込み合う、混む
비관적이다	to be pessimistic	悲观的	tính bi quan	悲観的だ
비교하다	compare	比较	so sánh	比較する、比べる
비록	though	虽然	mặc dù, dẫu	たとえ、仮に
비만	obesity	肥胖	béo phì	肥満
비비다	mix	搅拌	trộn	混ぜる、擦る、揉む
비빔밥	bibimbap	拌饭	bibimbap (cơm trộn)	ビビンパ/ビビンバ (混ぜご飯)
비율	ratio	比例	tỉ lệ	比率、割合
비자	visa	签证	visa (thị thực)	ビザ
빌리다	borrow	借	mượn	借りる
빠르게	quickly	快速地	một cách nhanh chóng	早く
사과	apple	苹果	quả táo	りんご
사교모임	social gathering	社交聚会	buổi gặp mặt giao lưu	社交集まり、親睦会
사교적이다	to be sociable	擅长交际的	tính hòa đồng	社交的だ
사다	buy	买	mua	買う
사이즈	size	尺码	kích cỡ (size)	サイズ
사진	photo	照片	tấm ảnh	写真
산	mountain	山	núi	山
산책하다	take a walk	散步	đi dạo	散歩する
삶다(*감자)	boil	煮	luộc	茹でる、煮る、蒸す
상금	prize money	奖金	tiền thưởng	賞金
상담하다	consult	商谈	tư vấn, trao đổi	相談する
상대평가	relative evaluation	相对评价	đánh giá tương đối	相対評価
상영	screening	上映	chiếu, khởi chiếu(phim)	上映
상쾌해지다	feel refreshed	变舒畅	trở nên sảng khoái, thoải mái hơn	すがすがしくなる、爽快になる

새	to be new	新的	mới (quán định từ)	新
새롭다	to be fresh	新的	mới mẻ	新しい
새콤하다(*냉면)	to be acidulous	酸溜溜的	chua chua	やや酸っぱい、(おいしく)酸っぱい
색(*색상, 색깔의 의미)	color	颜色	sắc, màu sắc	色
색다르다	to be unusual	新颖, 与众不同	đặc sắc, khác lạ	風変りだ、一味違う、目新しい
샐러드	salad	沙拉	salad	サラダ
생각하다	think	想, 考虑	suy nghĩ	考える、思う
생기다(*새로)	become	产生	nảy sinh, có được (N에 관심이 생기다: quan tâm đến)	生じる、起こる、できる
생선	fish	鲜鱼, 活鱼	con cá	鮮魚、魚
생활	life	生活	cuộc sống	生活、暮らし
생활하다	live	生活	sống, sinh hoạt	生活する、暮らす
서류	document	文件, 材料	hồ sơ	書類
서비스	service	服务	dịch vụ	サービス
서술식	descriptive	叙述型	hình thức viết	記述式、論述式 (短答式よりも詳しく長く)
섞다	mix	混合	trộn	混ぜる、混合する
선배	older alumnus	前辈; 学长/姐	tiền bối	先輩
선수	player	选手	cầu thủ	選手
선택하다	choose	选择	chọn, lựa chọn	選択する、選ぶ
설레다	excited	(心情)激动	nôn nao, hồi hộp	ときめく、わくわくする、ドキッとする
설문 조사	survey	问卷调查	khảo sát	アンケート (設問調査)
설탕	sugar	白砂糖	đường	砂糖
성격	character	性格	tính cách	性格
성공적이다	to be successful	成功的	thành công	成功的だ、成功だ
성분	ingredient	成分	thành phần	成分
성실하다	to be faithful	勤恳, 真挚, 诚恳	thành thật, chân thành	誠実だ
성적	grade	成绩	thành tích, điểm	成績

성적 이의 신청	objection to one's grades	成绩异议申请	đăng kí phúc khảo điểm	成績異議申請、成績異議申し立て
성적평가	grade evaluation	成绩评价	đánh giá điểm, thành tích	成績評価
성형 수술	plastic surgery	整形手术	phẫu thuật thẩm mĩ	整形手術
세계적이다	to be world-class	世界性的	tính toàn cầu	世界的だ
세다	to be strong	强烈, 猛烈	mặn (간이 세다)	強い
소개	introduction	介绍	giới thiệu	紹介
소고기	beef	牛肉	thịt bò	牛肉
소극적이다	to be passive	消极的	tiêu cực	消極的だ
소금	salt	食盐	muối	塩
소리	sound	声音	âm thanh	音、声
소화	digestion	消化	tiêu hóa	消化
속옷	underwear	内衣	áo lót	下着
쇼핑몰	shopping mall	购物商店	trung tâm mua sắm	ショッピングモール
쇼핑하다	do the shopping	购物	mua sắm (shopping)	ショッピングする、買い物する
수강	taking classes	听课, 听讲	sự nghe giảng	受講、履修
수박	watermelon	西瓜	dưa hấu	すいか
수업	class	课	tiết học	授業
수영	swimming	游泳	bơi lội	水泳
수영복	swimsuit	泳衣	đồ bơi	水泳服、水着
숙소	accommodations	住处, 住所	chỗ ở (nói chung)	宿舎、宿、宿泊先
술자리	gathering with drinks	酒局	bàn rượu, bàn nhậu	酒席、飲み会
쉽다	to be easy	简单的, 容易的	dễ dàng	簡単だ、易しい、容易だ
슈퍼마켓	supermarket	超市	siêu thị	スーパーマーケット
스스로	for oneself	自己, 自行	tự mình, tự thân	自ら、自分で
스키	ski	滑雪, 滑雪板	môn trượt tuyết	スキー
스트레스	stress	压力	áp lực, stress	ストレス
스포츠	sport	体育运动	thể thao	スポーツ
승마	horseback riding	骑马	môn cưỡi ngựa	乗馬
승차권	ticket	乘车票	vé tàu, vé xe	乗車券

시간	time	时间	thời gian	時間
시내	downtown	市内, 市区	nội thành	市内
시다	to be sour	酸	chua	酸っぱい
시야(*넓다)	horizons	视野	tầm mắt, tầm nhìn	視野
시원하다	to be cool	凉爽, 爽口的	mát lạnh	涼しい
시작하다	begin	开始	bắt đầu	開始する、始める、始まる
시장	market	市场	chợ	市場
시험	exam	考试	thi	試験
식당	restaurant	餐厅, 食堂	nhà hàng, quán ăn	食堂、レストラン
식사하다	have a meal	用餐	dùng bữa	食事する
식초	vinegar	食醋	giấm	酢
신기하다	to be amazing	神奇	mới lạ, lạ kì	不思議だ
신나다	be excited	开心, 兴高采烈	hào hứng, vui vẻ	うきうきする、楽しい、テンションが上がる
신문	newspaper	报刊, 新闻	báo chí	新聞
신선하다	to be fresh	新鲜的	tươi ngon	新鮮だ
신입 사원	newcomer	新职员	nhân viên mới	新入社員
신입생	freshman	新生	học sinh, sinh viên mới	新入生
신청	application	申请	sự đăng kí	申請
신청서	application form	申请书	phiếu đăng kí	申請書
신청하다	apply	申请	đăng kí	申請する、申し込む
신혼여행	honeymoon	新婚旅行	du lịch tuần trăng mật	新婚旅行
실망스럽다	to be disappointing	失望	thất vọng	失望的だ、残念だ、がっかりだ
실수하다	make a mistake	失误	sai sót, sơ xuất	失敗する
싫증	boredom	厌烦, 厌倦	sự chán chường	嫌気、飽き
싱겁다	to be flat	淡, 没味道	nhạt	味が薄い
싸다	pack	包, 打包	rẻ	包む
썰다	slice	切, 割	thái, xắt	切る、刻む
쓰다(맛)	to be bitter	(味道)苦	(vị) đắng	苦い (味)
씩	a piece	各, 每	từng chút	ずつ

　　　　　　　　　　　주제로 배우는 대학 한국어 어휘

아깝다	to be a waste	可惜	tiếc	惜しい、もったいない
아끼다	save	节省, 珍惜	tiết kiệm	大事にする、大切にする
아르바이트	part-time job	兼职	việc làm thêm	アルバイト
아름답다	to be beautiful	美丽的	đẹp	美しい
아이	child	孩子	em bé, trẻ nhỏ	子ども、あかちゃん
아파트	apartment	公寓	khu chung cư	アパート
악기	musical instrument	乐器	dụng cụ âm nhạc	楽器
안내문	notice	介绍, 指南	thông báo	案内文、お知らせ文
알다	know	知道	biết	知る、分かる、気づく
알려주다	notify	告诉	cho ai đó biết điều gì	教えてくれる、教えてあげる、知らせる
알려지다	become known	有名, 众所周知	được biết đến, nổi tiếng	知られる、知れわたる
알리다	notice	告知, 通知	cho biết	知らせる、伝える
알아보다	look into	调查, 了解	tìm hiểu	調べる
알차다(*tlrks)	to be meaningful	充实的	có giá trị, có ý nghĩa	充実している
앞	front	前面	phía trước	前
애호박	zucchini	西葫芦	bí ngòi	ズッキーニ
야근	night duty	夜班	làm đêm	夜勤
약속	promise	约定	hẹn	約束
약하다	to be weak	弱, 微弱	nhạt (간이 약하다)	弱い
얌전하다	to be well-behaved	端庄, 斯文, 老实	điềm tĩnh	おとなしい、落ち着いている
양념	seasoning	调料	gia vị, hương liệu	ヤンニョム、薬味、味付け
양파	onion	洋葱	hành tây	玉ねぎ
어느새	before one knows	不知不觉间	thoáng cái	いつの間に
어떻다	how	怎么样, 什么样	như thế nào	どうだ、どのようだ
어렵다	to be difficult	困难的	khó khăn	難しい、困難だ、厳しい
어울리다	get along with	适合, 合得来	hòa hợp	似合う、付き合う、交わる
어젯밤	last night	昨晚	tối hôm qua	昨夜

어학연수	attending overseas language program	语言研修	học khóa ngôn ngữ	語学研修
언어	language	语言	ngôn ngữ	言語
얻다	get	得到	đạt được	得る、手に入れる、貰う
업무	work	业务, 工作	công việc	業務、仕事
없다	non-existent	没有	không có	ない、いない
엊그제	a few days ago	前几天, 几天前	hôm trước, hôm kia	数日前
여가	spare time	业余时间, 空暇	giải trí	余暇
여권	passport	护照	hộ chiếu	旅券、パスポート
여러	to be several	许多, 好几	nhiều	色々な、様々な、数々の
여유롭다	to be relaxed	空闲的	thoải mái, thư thái	余裕がある、ゆったりだ、のんびりだ
여행	trip	旅游	du lịch	旅行
여행지	travel destination	旅游地点	điểm du lịch	旅行地
연극	play	话剧	kịch	演劇
연말	end of the yea	年末	cuối năm	年末
연봉	annual salary	年薪	lương năm	年棒、年収
연습하다	practice	练习	luyện tập	練習する
연장하다	extend	延长, 延期	gia hạn (visa)	延長する
연주	performance	演奏	sự biểu diễn, trình diễn	演奏
연주회	concert, recital	演奏会	buổi hòa nhạc	演奏会
열람실	reading room	阅览室	phòng đọc sách	閲覧室
열심히	diligently	努力, 认真	một cách chăm chi	一生懸命、熱心に
엿보다	peep	窥见	ngắm nhìn	伺う、覗く、盗み見る
영문학	English literature	英语文学	khoa tiếng Anh	英文学
영수증	receipt	发票, 收据	hóa đơn	領収書、レシート
영화	film	电影	phim chiếu rạp	映画
예매하다	purchase in advance	预订	mua, đặt (vé)	事前購入する、予約する
예민하다	keen	敏感	nhạy cảm, mẫn cảm	敏感だ、神経質だ
예방하다	prevent	预防	dự phòng	予防する

주제로 배우는 대학 한국어 어휘

예약 혜택	reservation benefit	预约优惠	ưu đãi đặt trước	予約特典
예약하다	book	预约	đặt trước (phòng)	予約する
예의	courtesy	礼仪, 礼貌	lễ nghi, lễ nghĩa	礼儀
예전	old days	以前	ngày trước	昔
예정이다	be scheduled to	预计	dự định, dự kiến	予定だ
오다	come	来	đến thăm	来る
오랫동안	for ages	许久, 很长时间	trong thời gian lâu	長い間、長年
오리엔테이션 (OT)	orientation	岗前或学前培训/说明会	buổi học định hướng	オリエンテーション
오이	cucumber	黄瓜	dưa chuột, dưa leo	きゅうり
오피스텔	studio apartment	商住两用房	officetel (một loại hình nhà ở khá cao cấp ơ Hàn Quốc)	オフィステル
온도	temperature	温度	nhiệt độ	温度
온천	hot spring	温泉	suối nước nóng	温泉
올라가다	go up	上去	tăng lên (nhiệt độ)	上がっていく、上がる、登る
올라오다	come up	上来	được đăng lên (thông báo)	上がってくる、登ってくる
올해	this year	今年	năm nay	今年
왜냐하면	because	因为	bởi vì	なぜなら、なぜならば
외국어	foreign language	外语	ngoại ngữ	外国語
외국인	foreigner	外国人	người ngoại quốc, người nước ngoài	外国人
외롭다	to be lonely	孤单, 孤独	cô đơn	寂しい、心細い、孤独だ
외모	appearance	外貌	vẻ bề ngoài	外見
외우다	memorize	背诵	học thuộc, thuộc lòng	覚える
외출하다	go out	外出	đi ra ngoài	外出する
외향적이다	to be extrovert	外向的	hướng ngoại	外交的だ
요가	yoga	瑜伽	yoga	ヨガ
요리	cooking	料理, 菜肴	món ăn	料理
요일(금요일)	day of the week(Friday)	星期几(周五)	thứ ngày (thứ 6)	曜日 (金曜日)

요즘	nowadays, these days, lately	最近	dạo này, gần đây	最近、このごろ
우등상	honor prize	优秀奖	giải xuất sắc	優等賞
우연히	by chance, by accident	偶然	một cách ngẫu nhiên, tình cờ	偶然に、たまたま
우울하다	to be low-spirited	郁闷, 忧郁	u uất	憂鬱だ
운동장	playground	运动场	sân vận động	運動場
운영하다	manage	运营	điều hành	運営する
웃기다	make someone laugh	逗乐, 搞笑	buồn cười	笑わす、笑える、面白い
웃다	laugh	笑	cười	笑う
원룸	studio	单人间	one room(phòng đơn)- một loại hình nhà ở Hàn Quốc	ワンルーム
원하다(*가지고 싶다)	want [to have]	想要	muốn (sở hữu cái gì đó)	望む、欲しい
위(*stomach)	stomach	胃	ruột	胃
위염	gastritis	胃炎	viêm ruột	胃炎
유고결석계	application for excused absence	有缘由的请假条	đơn xin phép vắng học có lý do	公認欠席計、公欠合計
유람선	cruise ship	游船	tàu, thuyền tham quan	遊覧船
유머	humor	幽默	hài hước	ユーモア
유명하다	to be famous	有名的	nổi tiếng	有名だ
유의 사항	matters to be noted	注意事项	nội dung cần lưu ý	留意事項
유학생	student studying abroad	留学生	du học sinh	留学生
유학하다	study abroad	留学	du học	留学する
유효기간	expiration date	有效期	thời gian hiệu lực	有効期間
음악 감상	listening to music	音乐鉴赏	nghe nhạc	音楽鑑賞
응급실	emergency room	急诊室	phòng cấp cứu	救急室、ER、緊急救命室
이기다	win	赢	chiến thắng	勝つ
이동하다	move	移动	di chuyển	移動する

이따가	a little later	过一会儿	lát nữa	後で、少し後で、後ほど
이력서	curriculum vitae	简历	sơ yếu lý lịch	履歴書
이번 주	this week	这个周	tuần này	今週
이야기하다	tell	说话，讲故事	nói chuyện	話す
이용하다	use	使用	sử dụng	利用する
이웃집	house next door	邻居	nhà hàng xóm	隣の家
인기를 끌다	popularity	受欢迎，有人气	tạo cơn sốt, nổi tiếng	人気を呼ぶ、人気を集める
인상적이다	to be impressive	印象深刻的	ấn tượng	印象的だ
인정받다	be recognized	得到肯定	được công nhận	認められる
인정하다	recognize	认定，肯定	công nhận	認める
인터넷	internet	网络	internet	インターネット
인턴	internship	实习生	nhân viên tập sự	インターン
일어나다	stand up	起立，起身	đứng dậy, đứng lên	起きる、起き上がる、立ち上がる
일정	schedule	日程	lịch trình	日程
일주일	one week	一周	1 tuần	一週間
일찍	early	早早地	sớm	早く、早めに
잃어버리다	lose	丢失	làm mất (đồ vật)	無くしてしまう、失ってしまう
입력하다	input	输入	nhập, điền	入力する
입원하다	be hospitalized	住院	nằm viện	入院する
입학식	entrance ceremony	入学典礼	lễ nhập học	入学式
입학하다	be enrolled at a school	入学	nhập học	入学する
자격증	certificate	资格证	giấy chứng nhận	資格証、資格
자기 계발	self development	自我提升	phát triển bản thân	自己啓発、自分磨き
자기소개	self introduction	自我介绍	giới thiệu bản thân	自己紹介
자동	automatic operation	自动	tự động	自動
자료	material, data	资料	tài liệu	資料
자료실(도서관)	reference room	资料室(图书馆)	phòng tài liệu(thư viện)	資料室 (図書館)
자르다	cut	剪，切	cắt	(ハサミなどで)切る

자신	oneself	自身, 自己	bản thân	自身
자신감	confidence	自信心	tự tin	自信感、自信
자연	nature	大自然	thiên nhiên	自然
자연스럽다	to be natural	自然地	tự nhiên	自然だ
자전거	bicycle	自行车	xe đạp	自転車
자주	often	经常	thường xuyên	よく、しばしば
작년	last year	去年	năm ngoái	昨年
작성하다	fill in	写	soạn thảo	作成する
작품	product	作品	tác phẩm	作品
잘못	wrongly	错误地	sự sai lầm, sai sót	誤り、過ち、間違い
잘하다	do well	擅长, 做得好	làm tốt, giỏi	上手だ、得意だ
잡채	japchae	什锦炒菜	japjae(miến xào thập cẩm)	チャプチェ
장기 자랑	talent show	特长展示	cuộc thi tài năng	特技自慢、特技披露
장마	monsoon	梅雨	mùa mưa	梅雨
장면	scene	场面, (电影)情节	cảnh phim, bối cảnh	場面、シーン
장점	strength	优点, 长处	ưu điểm	長所
장학금	scholarship	奖学金	học bổng	奨学金
재능	talent	才能	tài năng	才能
재료	material, ingredient	原料, 材料	nguyên liệu	材料
재수강	course retake	重修	học lại	再履修
재충전되다	be recharged	(身体/精神)再充电	sạc lại, nạp lại (sức khỏe, tinh thần)	再充電される、リフレッシュされる
재학생	enrolled student	在校生	sinh viên đang theo học	在学生
저렴하다	to be cheap	低廉, 便宜	rẻ	低廉だ、安価だ、安い
적극적이다	to be active	积极的, 正面的	tích cực	積極的だ
적당하다	to be adequate	适当的, 恰当的	thích hợp, hợp lý	適当だ、ちょうどよい、ほどよい
적성	aptitude	适应性, 适应能力	tính cách (적성에 맞다: phù hợp với tính cách)	適性
적응하다	adapt	适应, 习惯	thích nghi	適応する、慣れる
전	before	之前	trước khi	前

전공	major	专业	chuyên ngành	専攻
전공과목	major course	专业课程	môn chuyên ngành	専攻科目
전공하다	major in	专攻, 专门研究	học chuyên ngành	専攻する
전기(*절약하다)	electricity	电	điện	電気
전망	prospect	前景	triển vọng, tương lai	展望
전부	everything, all	全部	toàn bộ	全部
전시회	exhibition	展会	triển lãm	展示会
전통	tradition	传统	truyền thống	伝統
전통문화	traditional culture	传统文化	văn hóa truyền thống	伝統文化
전통적이다	to be traditional	传统的	tính truyền thống	伝統的だ
전환(*기분)	change(change of pace)	转换(转换心情)	thay đổi (thay đổi tâm trạng)	転換 (気分転換)
절대평가	absolute evaluation	绝对评价	đánh giá tuyệt đối	絶対評価
절약하다	save	节约	tiết kiệm	節約する
정거장(*버스)	stop	车站, 站点	trạm dừng, bến đỗ (xe buýt, tàu …)	停車場 (駅、バス停)
정도	about, approximately, around	大约, 左右	tầm, chừng	程度
정문	main gate	正门, 前门	cửa chính	正門
정보	information	信息	thông tin	情報
정신	mind	精神	tinh thần, tâm trí	精神
정신없다	not in one's right mind	忙得不可开交, 精神恍惚	rối trí, hớt hải, tối tăm mặt mũi	とても忙しい、バタバタしている、慌しい (精神が無い)
정원(모집 정원)	the maximum number of admissions	(招收的)固定名额	số người quy định	定員 (募集定員)
정하다	decide	定下来, 确定	quyết định	定める、決める
정해지다	be fixed	已定好	được quyết định	決まる、決められる
제공하다	offer	提供	cung cấp	提供する
제대로	properly	好好地	một cách bài bản, một cách đầy đủ	きちんと、まともに
제도	system	制度	chế độ, quy định	制度

제육볶음	jeyukbokkeum	炒猪肉	cơm xào thịt	豚肉炒め (甘辛)
제출하다	submit	提交	gửi, nộp	提出する
제품	product	产品	sản phẩm	製品
조건	condition	条件	điều kiện	条件
조금	a little	一点, 稍微	một chút	すこし、僅かに
조리다	braise	熬, 炖	kho, rim	煮る、煮込む
조별	by group	小组, 按组分的	từng nhóm, từng tổ	班別、グループ/チーム (課題/プロジェクト)
조용하다	to be quiet	安静	yên tĩnh, im lặng	静かだ
조회하다	make an inquiry	查询	tra cứu (điểm)- 성적을 조회하다	照会する
졸업 여행	graduation trip	毕业旅行	du lịch mừng tốt nghiệp	卒業旅行
졸업식	graduation ceremony	毕业典礼	lễ tốt nghiệp	卒業式
졸업하다	graduate	毕业	tốt nghiệp	卒業する
좀	a little	有点	một chút	少し、やや
종강하다	end the class	结课	kết thúc môn học	終講する、学期が終わる
좋다	to be good	好	tốt, hay	良い
좋아지다	become better	变好	trở nên tốt hơn, trở nên hay hơn	良くなる、好きになる
좋아하다	like	喜欢	thích	好きだ、好む
주관식(*시험)	essay question	主观型	hình thức tự luận	記述式
주말	weekend	周末	cuối tuần	週末
주문하다	order	订购, 购买	đặt hàng	注文する
주소	address	地址	địa chỉ	住所
주차하다	park	停车	đỗ xe	駐車する
준비물	supplies	准备物品	vật dụng cần chuẩn bị	準備物、持ち物
준비하다	prepare	准备	chuẩn bị	準備する
중간시험	midterm examination	期中考试	kỳ thi cuối kỳ	中間試験
중요하다	to be important	重要	quan trọng	重要だ
즐겁다	to be joyful	高兴	vui vẻ	楽しい

주제로 배우는 대학 한국어 어휘

즐기다	enjoy	享受，欢度	tận hưởng	楽しむ
지각하다	come late	迟到	đi trễ, đến trễ	遅刻する
지나다	pass	过去	trôi qua	過ぎる、経つ、通る
지난 학기	last semester.	上个学期	học kỳ vừa rồi	前学期
지난달	last month	上个月	tháng vừa rồi	先月
지루하다	to be boring	无聊	buồn chán	退屈だ、つまらない、飽き飽きする
지르다(*소리를)	shout	喊叫	gào, thét (소리를 지르다)	叫ぶ、上げる
지방	fat	脂肪	mỡ	脂肪
지역 축제	local fair	地区庆典	lễ hội địa phương	地域祭り
지키다	keep	遵守	giữ	守る
지하철	subway	地铁	tàu điện ngầm	地下鉄
직접	in person	直接	trực tiếp	直接
진로	future path	前路，前途	con đường tương lai	進路
진료	medical treatment	诊疗，诊治	khám và điều trị	診療
진심	sincerity	真心	sự tận tâm	真心、本心、本気
진학하다	enter a higher education institution	升学	lên lớp, học lên	進学する
짐	baggage	行李	hành lý	荷物
집돌이	homebody	宅男	người đàn ông chỉ thích ở nhà	インドア派、引きこもり
집안일	housework	家务	việc nhà	家事
집중력	concentration	集中力	khả năng tập trung	集中力
집중하다	concentrate on	集中	tập trung	集中する
짜다	to be salty	咸	mặn	しょっぱい
짧다	to be short	短, 简短	ngắn	短い、低い
쪽(*좋은 쪽)	direction	边(这边)	hướng, phía	方、側 (こっち)
쭉	straight	径直, 一直	một mạch	ずっと、しばらく、まっすぐ
-쯤	about	大约	tầm	ごろ、くらい
찌다	steam	蒸	hấp	蒸す、蒸かす
찍다	dip	蘸	chấm	つける

大	차다 (*정원이 다 차다)	be full (*be filled to capacity)	满(*固定名额满了)	đầy, đủ (đủ thành viên)	満ちる、達する
	차분해지다	cool down/off	变沉稳/平静	điềm tĩnh hơn, điềm đạm hơn	落ち着く、冷静になる
	참가비	entry fee	参加费	phí tham gia	参加費
	참가하다	participate	参加	tham gia	参加する
	참고	reference	参考	tham khảo	参考
	참기름	sesame oil	香油	dầu mè	ごま油
	참석하다	attend	参加, 出席	tham dự	出席する、参加する
	참여하다	participate	参加, 参与	tham gia	参加する
	참외	oriental melon	甜瓜, 香瓜	dưa lê vàng	チャメ、真桑瓜(まくわうり)
	창덕궁	Changdeokgung Palace	昌德宫	Xương Đức Cung (Changdeokgung)	昌徳宮、チャンドックン (宮殿)
	창밖	outside a window	窗外	phía ngoài cửa sổ	窓の外
	창업하다	start a business	创业	khởi nghiệp	創業する、起業する
	찾아보다	look up	查找	tìm ra	探してみる、探す
	채소	vegetable	蔬菜	rau củ quả (nói chung)	野菜
	책	book	书籍	sách	本
	책임감	sense of responsibility	责任感	tinh thần trách nhiệm	責任感
	챙기다	pack	准备, 备齐	sắp xếp, sửa soạn	用意する、準備する
	처음	first time	初次, 首次	lần đầu tiên	最初、初めて
	첫	to be first	首, 初, 第一	đầu tiên	初、初めての、最初の
	첫날	first day	第一天	ngày đầu tiên	初日
	첫눈(*반하다)	first sight	初雪	ánh mắt đầu tiên	初雪
	청년	young person	青年	thanh niên	青年
	체력	physical strength	体力	thể lực	体力
	체험하다	experience	体验	trải nghiệm	体験する
	초대	invitation	邀请	mời, lời mời	招待
	초콜릿	chocolate	巧克力	socola	チョコレート
	최소	the least	最少	sự hủy	中止
	추다	dance	跳(舞)	nhảy	踊る
	추천 도서	recommend books	推荐图书	sách được đề xuất	推薦図書

추천하다	recommend	推荐	đề xuất, đề cử	推薦する、すすめる
축제	festival	庆典	lễ hội	祝祭、祭り
축하하다	congratulate, celebrate	祝贺	chúc mừng	祝賀する、祝う
출발하다	depart	出发	xuất phát	出発する
출석	attendance	出席，签到	điểm danh	出席
출처	source	出处	xuất xứ, nguồn	出所、出典
출퇴근	commuting	上下班	đi làm và tan sở	出退勤、通勤
춤	dance	舞蹈	điệu nhảy, điệu múa	踊り、ダンス
충분히	enough	充分，充足	đủ	十分に
충전기	charger	充电器	cục sạc	充電器
충전하다	recharge	充电	nạp tiền (cho thẻ giao thông)- 교통 카드를 충전하다	充電する
취미	hobby	兴趣爱好	sở thích	趣味
취소하다	cancel	取消	hủy	中止する
취업하다	get a job	就业	tìm việc	就職する
치다	clap	打，击	vỗ tay (박수를 치다)	打つ、叩く
친구	friend	朋友	bạn bè	友達
ㅋ 카페	café	咖啡厅	cafe	カフェ
카페인	caffeine	咖啡因	cafein	カフェイン
캐리어	carrier bag	旅行箱	va li kéo	キャリア、スーツケース
캠핑	camping	露营	cắm trại	キャンプ
컴박사	computer expert	电脑通	người giỏi vi tính(máy tính)	コン博士（コンピューター博士略語）
컴퓨터	computer	电脑	máy tính	コンピューター
퀴즈	quiz	谜语	quiz	クイズ
키우다(*체력을)	increase	培养	tăng cường, nâng cao thể lực (체력 을 키우다)	育てる
ㅌ 타다	ride	乘坐	lên (lên xe, lên tàu)	乗る
태국	Thailand	泰国	nước Thái Lan	タイ
태권도	Taekwondo	跆拳道	taekwondo	テコンドー
태도	attitude, stance, position	态度	thái độ	態度

택배	parcel delivery service	快递	giao hàng tận nơi	宅配、宅急便
터미널	terminal	隧道	bến xe	ターミナル
털털하다	to be easy-going	洒脱，随和	dễ chịu (tính tình)	大らかだ、気さくだ
테니스	tennis	网球	tennis	テニス
토론	discussion	讨论	sự thảo luận	討論
토마토	tomato	西红柿	quả cà chua	トマト
통역가	interpreter	口译家	phiên dịch viên	通訳家、通訳者
통하다	go through	通过，凭借	thông qua	通じる
통화하다	talk over the telephone	通话	điện thoại	通話する、電話する
퇴원하다	be discharged from the hospital	出院	ra viện	退院する
튀기다	fry	炸	rán	揚げる
특별하다	to be special	特别的	đặc biệt	特別だ
특징	distinct characteristic	特征	đặc trưng	特徴
팀	team	团队，组	nhóm, đội, team	チーム
팀 프로젝트	team project	团队项目	dự án nhóm	チームプロジェクト、グループプロジェクト
파	green onion	大葱	hành lá	ネギ
파전	pajeon	葱煎饼	pajeon(bánh hành Hàn Quốc)	（ネギ）チヂミ
팔다	sell	卖	bán	売る
팬	pan	粉丝	cái chảo	フライパン
편리하다	to be convenient	便利，方便	tiện lợi, thuận tiện	便利だ
편의점	convenience store	便利店	cửa hàng tiện lợi	コンビニ
편입생	transfer student	插班生	học sinh, sinh viên chuyển trường	編入生
편하다	to be comfortable	舒服；便利	thoải mái	楽だ
평가하다	evaluate	评价	đánh giá	評価する
평소	ordinary times	平时，平素	bình thường, thông thường	平素、普段
평일	weekday	平日，工作日	ngày thường	平日

평점	grade point average	评分	điểm bình quân, điểm trung bình	評点
포기하다	give up	放弃	từ bỏ, bỏ cuộc	放棄する、諦める
표	ticket	票	vé	チケット、切符、券
풀리다	relieve	消解, 消除	được giải tỏa	ほどける、溶ける
품절되다	be sold out	售罄	hết hàng	品切れになる、売り切れる
품질	quality	质量, 品质	chất lượng	品切れ
풍부하다	to be rich	丰富的	phong phú	豊富だ、豊かだ、いっぱいある
프랑스	France	法国	nước Pháp	フランス
피로	tiredness	疲劳	sự mệt mỏi	疲労
피아니스트	pianist	钢琴师	nghệ sĩ piano	ピアニスト
필요하다	to be necessary, to be needed	必要, 需要	cần	必要だ
하루 종일	all day (long), from morning till[to] night	一整天	trong một ngày	一日中
학과	department	学科, 专业	khoa	学科
학과 사무실	department office	学科办公室	văn phòng khoa	学科事務所
학교	school	学校	trường	学校
학기(*한 학기)	semester	学期(一个学期)	học kỳ (1 học kỳ)	学期 (一学期)
학번	student ID number	学号	mã sinh viên	学番、入学年度
학생 식당	school cafeteria	学生食堂	nhà ăn sinh viên	学生レストラン、学食
학생증	student identification	学生证	thẻ sinh viên	学生証
학생회관	student union	学生会馆	hội quán sinh viên	学生会館
학습	learning	学习	sự học tập	学習
학습 참여도	learning participation rate	学习参与度	tinh thần học tập	学習参加度
학업	studies	学业	thành tích học tập	学業
학원	private institute	补习班	trung tâm	学院、塾、予備校
학점	credit	学分	tín chỉ	単位
한국	Korea	韩国	nước Hàn Quốc	韓国

한국어	Korean	韩语	tiếng Hàn	韓国語
한참	being a while	好一会儿	một lúc , một hồi	しばらく
할머니	grandmother	奶奶	bà	おばあさん、おばあちゃん、祖母
할인	discount	打折	sự giảm giá	割引
합격하다	pass	合格	đậu, đạt	合格する
항공권	airline ticket	机票	vé máy bay	航空券
항목	category	项目, 事项	hạng mục	項目
항상	always	总是	luôn luôn	いつも、常に
해외여행	verseas travel, trip abroad	海外旅行	du lịch nước ngoài	海外旅行
행복하다	to be happy	幸福	hạnh phúc	幸せだ、幸福だ
행사	event	活动, 庆典	sự kiện	行事、イベント
헬스클럽	fitness center	健身俱乐部	phòng gym	ジム、スポーツクラブ（ヘルスクラブ）
형식	form	形式, 格式	hình thức	形式
호기심	curiosity	好奇心	sự tò mò, sự hiếu kỳ	好奇心
호박	pumpkin	南瓜	quả bí đỏ	かぼちゃ
혹시	by any chance	万一, 如果, 也许	không chừng, nhỡ may	もし、もしかして
홈페이지	homepage	主页	trang chủ (homepage)	ホームページ
화장품	cosmetics	化妆品	mỹ phẩm	化粧品
확인하다	check	确认	kiểm tra	確認する
환불하다	refund	退款	hoàn tiền	返金する、払戻しする
환승하다	transfer	换乘	chuyển tàu, xe	乗換する、乗り換える
활동적이다	to be active	活跃, 有活力	hiếu động, lanh lẹ	活動的だ
활동하다	to be active	活动	hoạt động, tham gia	活動する
활발하다	to be lively	活泼	hoạt bát	活発だ
회원	member	会员	hội viên	会員
효과	effect	效果	hiệu quả	効果

주제로 배우는 대학 한국어 어휘

후기	review	后记	đánh giá (sau khi mua hàng)	後記、口コミ
후문	rear entrance	后门	cửa phụ(cửa sau)	後門、裏門
후배	junior	后辈; 学弟/妹	hậu bối	後輩
후추	pepper	胡椒	hạt tiêu	こしょう
후회하다	regret	后悔	hối hận	後悔する
휴가	break	休假, 假期	nghỉ phép	休暇、休み
휴대 전화	cellular phone	手机	điện thoại di động	携帯電話
휴학하다	take time off from school	休学	nghỉ học tạm thời, bảo lưu	休学する
힘들다	to be hard	累, 难过	mệt mỏi, vất vả	つらい、大変だ、しんどい

주제로 배우는 대학 한국어 어휘

초판발행   2024년 8월 30일

지은이   김효신 · 유하영
펴낸이   안종만 · 안상준

편 집   조영은
기획/마케팅   박부하
표지디자인   Ben Story
제 작   고철민 · 김원표

펴낸곳   ㈜ **박영사**
              서울특별시 금천구 가산디지털2로 53, 210호(가산동, 한라시그마밸리)
              등록 1959.3.11. 제300-1959-1호(倫)

전 화   02)733-6771
f a x   02)736-4818
e-mail   pys@pybook.co.kr
homepage   www.pybook.co.kr
ISBN   979-11-303-2101-1 03710

정 가   19,000원

부록 4

어휘 연습

날짜 _____ 학번 _____ 이름 _____

다음 단어의 뜻을 생각하고 문장을 써 보세요.

1   **기간**

2   **선배**

3   **신청**

4   **안내문**

5   **전공**

6   **취소**

7   **학생증**

주제로 배우는 대학 한국어 어휘

날짜 _____   학번 _____   이름 _____

다음 단어의 뜻을 생각하고 문장을 써 보세요.

---

1   **게으르다**

---

2   **부지런하다**

---

3   **긍정적이다**

---

4   **꼼꼼하다**

---

5   **내성적이다**

---

6   **도전**

---

7   **리더십**

03

자주 가는 장소

날짜 _____ 학번 _____ 이름 _____

다음 단어의 뜻을 생각하고 문장을 써 보세요.

1   **관광지**

2   **분위기**

3   **예약하다**

4   **전공**

5   **주차하다**

6   **가입하다**

7   **동아리**

주제로 배우는 대학 한국어 어휘

대학 축제 이번 주 목요일에 유명한 가수가 온대요

날짜 _____ 학번 _____ 이름 _____

다음 단어의 뜻을 생각하고 문장을 써 보세요.

1   **나가다**

2   **대회**

3   **지루하다**

4   **감동적이다**

5   **반하다**

6   **운영**

7   **신나다**

날짜 _____   학번 _____   이름 _____

다음 단어의 뜻을 생각하고 문장을 써 보세요.

1   **내다**

2   **출석**

3   **강의 계획서**

4   **공지 사항**

5   **과제**

6   **발표**

7   **보고서**

주제로 배우는 대학 한국어 어휘

날짜 _____ 학번 _____ 이름 _____

다음 단어의 뜻을 생각하고 문장을 써 보세요.

1　　**갈아타다**

2　　**걸리다**

3　　**막히다**

4　　**복잡하다**

5　　**정거장**

6　　**정신없이**

7　　**지루하다**

제가 좋아하는 잡채를 만들었어요

날짜 _____   학번 _____   이름 _____

다음 단어의 뜻을 생각하고 문장을 써 보세요.

1   **간장**

2   **고추장**

3   **깎다**

4   **끓이다**

5   **닭고기**

6   **된장**

7   **돼지고기**

여행 계획

방학 때 태국으로 여행을 갈까 해요

날짜 _____ 학번 _____ 이름 _____

다음 단어의 뜻을 생각하고 문장을 써 보세요.

1   **관광객**

2   **국내 여행**

3   **나오다**

4   **부치다**

5   **예매하다**

6   **적당하다**

7   **편리하다**

날짜 _____　　학번 _____　　이름 _____

다음 단어의 뜻을 생각하고 문장을 써 보세요.

1　　**가격**

2　　**교환하다**

3　　**비교하다**

4　　**사이즈**

5　　**서비스**

6　　**주문하다**

7　　**할인 행사**

주제로 배우는 대학 한국어 어휘

날짜 _____ 학번 _____ 이름 _____

✐📖 다음 단어의 뜻을 생각하고 문장을 써 보세요.

1   **등산**

2   **스트레스**

3   **외국어**

4   **태권도**

5   **키우다**

6   **관람하다**

7   **기분 전환**

날짜 _____   학번 _____   이름 _____

📖 다음 단어의 뜻을 생각하고 문장을 써 보세요.

1   **그립다**

2   **긴장되다**

3   **답답하다**

4   **불안하다**

5   **스트레스**

6   **외롭다**

7   **행복하다**

주제로 배우는 대학 한국어 어휘

날짜 _____   학번 _____   이름 _____

다음 단어의 뜻을 생각하고 문장을 써 보세요.

1   **공무원**

2   **관심**

3   **대학원**

4   **유학**

5   **전공**

6   **관리하다**

7   **어학연수**

주제로 배우는 대학 한국어 어휘